前进不必遗憾

若是美好，叫做精彩

若是糟糕，叫做经历

任自己的性，让别人吵吵去吧

三年前的我
185斤

现在的我
任性135斤
时光也可以不老！

asics

一年50斤瘦身手记！

有些弱点，与生俱来，存在于每个人身上。包括虚荣、懒惰、禁不住诱惑（嘴馋）、贪婪、恐惧（怂）、自私、嫉妒、骄傲……它们越是在困难面前、越是在糟糕情况下，就越是暴露无遗，如同小妖怪一样，在你“重塑金身”的路上一一出现。

一个胖子的爬坑、打怪升级、重塑金身的心路历程

在我一年50斤的瘦身历程中，一不小心就会跌落到这些小妖挖下的坑。我使出吃奶的劲儿和全身解数，爬爬爬，经历了七七四十九天的禁肉，九九八十一天的禁坐，365天“千刀万剐”的复胖蹂躏和自我毁灭式的跌落爬起之后，终于重塑了金身。

期间经验被我总结成“九瘦心经”和各种心得体会，以及我亲身练过的运动方法，献给想控制自己体重、赢得人生的人们。

第1~2个月

与10000次放弃PK 建立信心

坑：馋、怂、懒，做计划时间比执行计划的时间还长。

爬坑：远离美食、想想自己吹过的牛B、后悔无用，立刻执行。不要低估坚持，不要高估毅力。

复盘：初期目标，要尽可能定得低，以提升信心，找到适合自己的方法。

第3~7个月 痛苦坚持 拉锯战！

坑：代谢快了食欲增长，
在复胖和小有所减中拉锯，
受到挫败和盲目自信的双重折磨。

爬坑：进度缓慢导致的挫败感需要无限自high来平复，中断没关系，容得下自己的小放纵。但若要重启，则要从原点运动量开始。

复盘：拉锯战期间，效果往往低于预期目标，此时不要气馁，按计划执行，循序渐进。

第8~12个月保卫成果

坑: 盲目相信21天形成习惯，因为小有成就，过度相信自己控制体重的能力而开始放纵。

爬坑: 更加系统化的训练。此前都是攻坚期，此时才是养成运动习惯的开始。

复盘: 不要为暂时的胜利过分骄傲，体重巩固两个月且成功再瘦十斤之日，你才有资格仰天长笑。

勇气可『佳』

胖子突围记

○ 刘佳勇

中国商业出版社

图书在版编目（CIP）数据

勇气可“佳”：胖子突围记 / 刘佳勇著. ——北京：中国商业出版社，2015.12

ISBN 978-7-5044-9216-6

Ⅰ. ①勇… Ⅱ. ①刘… Ⅲ. ①刘佳勇-自传 Ⅳ. ①K825.38

中国版本图书馆CIP数据核字（2015）第308910号

责任编辑：武文胜

中国商业出版社出版发行
010－63180647（传真）www.c_cbook.com
（100053北京市广安门内报国寺1号）
新华书店总店北京发行所经销
北京联合互通彩色印刷有限公司

* * * *

787毫米×1092毫米　16开　21印张　150千字
2015年12月第1版　2016年2月第1次印刷
定价:58.00元

* * * *

（如有印刷质量问题可更换）

Contents 丨目录

Part 3 跑步记

跑遍天下一览众衫大

Part 4 复盘记

瘦身中的成败和记取

Part 5 任性记

别让一身膘阻挡任性飙

序 /

一个胖子的突围，只为听从本心过任性人生

我们生活在一个看脸的时代，其实从古至今都是。

没人有义务透过你邋遢肥胖的外表，去发掘你优秀美好的内在。作为一个曾经 185 斤的大胖子，我深知这一点。

《非你莫属》节目的录制，让我第一次有机会抽离自身，坐在屏幕前像看一个旁人般端看自己。那一刻，我突然意识到，在陌生的电视观众和嘉宾面前，我不过是个有钱又任性的“土豪”。

我一直把自己的率真个性当作羽毛般珍惜，且引以为傲，时刻提醒自己，不忘初心，做率真的自己。而此刻，我发现，当我坦诚率性地在陌生的电视观众和嘉宾面前表达自己时，伫立在大家眼前、映入人们脑海的，竟然是个“土豪”、“暴发户”。

我开始反思。

在“土豪”形象和率真表达本心的自我之间，到底隔着什么？差了什么？

电视对容貌身材缺陷的放大、被误读的憋屈，第一次让我意识到了肥胖的外表对我的伤害。你以为，排除万难出国留学、坚韧不拔不懈奋斗、置于死地而后生般创业，终于获得小小成就，青年才俊就财富光鲜了，你就成人生赢家了吗？答案是否定的！身边有着大批明明能靠脸吃饭、却偏要靠才华的人，他们貌美颜高、身材有型，言行间处处透露出超凡气质。原来他们才是真正的霸道总裁，才是万千人倾慕的对象。

终于，我悟出，原来在“土豪”和率真表达本心的“霸道总裁”之间，首先隔着的是一个健美的身体。

输赢心让我立刻忍无可忍，“我要重塑金身！”我发誓。

我要挑战自己的体重，我要甩掉这一身肥肉，我要让我的本心不被容貌身材所裹挟，我要让人们看到我时，也能听到我的本心。

500 天，我甩掉了 50 斤，而且不再反弹。我也从原来的“土豪”被网友变换了称谓，“任性哥”成为了我的标签，我坦然接受，而且内心欣喜。

因为这个成果，相比很多减肥成功的人，虽然并不算什么。但于我确实来之不易。因为，我并不是一个毅力很强的人，耐性也不足，而且禁不住诱惑。在减肥的 500 天中，我使出浑身解数，与上万次的动摇 PK，与自己的种种弱点拼杀抗争，最终才甩掉了这 50 斤肥肉，重塑了一个基础代谢快、体型比例适中、肌肉紧实的身体。
这本书，真实地记录了整个历程，它是我走过的人生道路。

它算不得作品，充其量是一些总结和思考，甚至是涂鸦。但它关照每一个迷茫没有勇气的脚步，关照每一颗充满人性弱点的内心，关照每一个普通却有梦想的人。

除了从健身方法和饮食调整两个维度进行总结外，区别于大多数瘦身图书的，是这本书真实地记录了我与自己的弱点及内心斗争的历程和经验。并用心血总结成易于使用的工具、方法和技巧，变无形于有形。

一是因为我的心理学背景，善用情商管理；二是在我个人减肥瘦身的经历中，心理调节和情商管理让我事半功倍。这些心血总结，我称之为“九瘦真经”，与运动方法和饮食调整相得益彰，相辅相成。

这些总结，指向与自身的更好相处，指向自身的任性人生，指向更好的自己。

唯愿这本小册子，给迷茫中的你一点点光，一点点面对自己、改变自己的勇气和力量。

没有人能随随便便成功。

但我想告诉你，鼓足勇气，不要怕，坚定地往前走，哪怕再难也要坚持住。因为所有的迷茫、坎坷、困顿、放弃、动摇、恐惧、虚荣……不过是你成就自己路上的“小人”，他们奸诈狡猾，但终抵不过你坚持到底的信念、跌倒爬起的勇气。

出发吧，莫问前程！让我们用经历照亮未来！

每个不放弃自己的人，终可荣耀自己，可以依循自己的秉性、意愿，过自己想要的任性人生。

Part 1 发 胖 记

哪个胖子不想重塑金身

1.“非你莫属”中的“土肥圆”

岁月不是一把杀猪刀，而是一桶猪饲料。

人生常常是，执迷不悟时伊人照旧，幡然醒悟时物是人非。

2012 年 7 月，一个重达 185 斤的大胖子参加了《非你莫属》节目的录制。然后，当他正襟危坐在电视另一端观看节目时，差点跌掉了下巴：“这是我……”

“摄影师真逗……长这么胖还给近景……”、“这脸看着眼熟……声音好像在哪听过……”

胖子一边看节目一边大惊失色，瞠目结舌：“这个土肥圆是我？”

帅气逼人、英气俊朗的形象没有如意料之中地到来也就罢了，但是居然是这种形象：臃肿的脸庞，滚圆的肚子，肥硕的手掌，粗壮的双腿……

真正的生活，果然没有机会让自己看着自己矫情感动，只是会更残酷得多。当他意识到“非你莫属”中那个“土肥圆”就是他自己时，他肠子都要悔青了。

“胖成这样，应该去录《超级减肥王》(Biggest Loser)，而不是《非你莫属》。”胖子喃喃地说，“我怎么就让自己变成这么一个土肥圆了呢？允许自己长成这样一位土胖子了呢？”

节目播放的那一个多小时里，胖子简直如坐针毡。

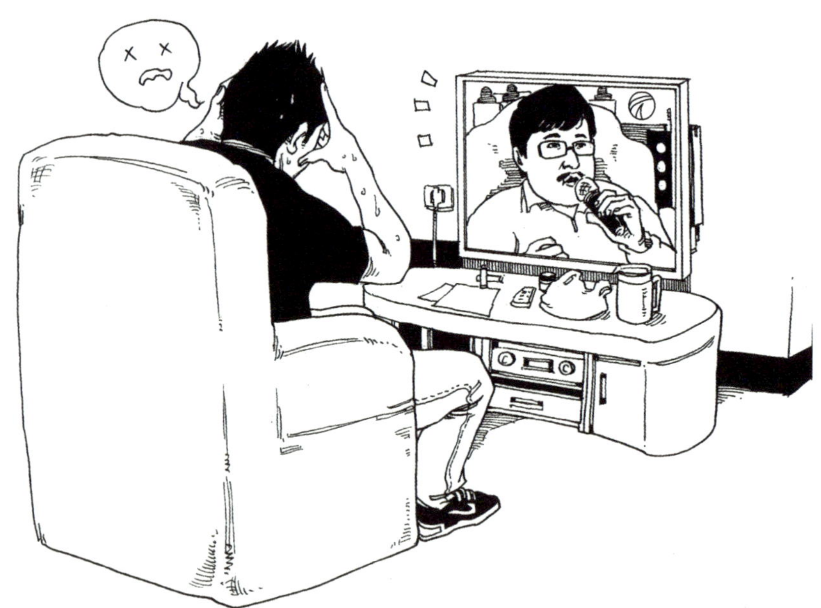

其实这个胖子，就是三年前的我：刘佳勇。

三年前，《非你莫属》为了增加12名企业高管组成的Boss团中，Boss的海外企业经营背景的比例，增加节目全球性国际性视角，我有幸收到加入Boss团的邀请：

“可以给有着多年海外求学经历，踌躇满志却一直苦于找不到工作的‘海待’解答些求职问题。”节目总策划刘爽说，“每位Boss都具有不凡的学识背景及奋斗经历，你的海外留学并成功创业经验值得分享给留学生，特别是处在求职迷茫中的年轻人。”

……

言辞诚恳的邀请函其实抵不过我一颗想要耍帅耍酷的嘚瑟心，回国参加节目录制，看到自己出现在观众面前，才是使我心花怒放的真正原因。

可是，天堂地狱一瞬间，在国外创业的几年，我从来没有意识到自己胖成了连自己都厌恶的模样。

难怪之前跟损友一起吃饭，吃的少，损友说：“你就装吧，吃那么少！”吃得多，损友说：“猪一样啊，吃那么多！”索性不吃，损友说：“哟，减肥啊！”我还觉得损友太损了，其实是身在此山中，云深不知处了。

其实，遥想当年，我刚走出东北，留学德国，弃医从商，也是何等的斗志昂扬。那时也是青春年少，俊瘦才郎一枚，可怎么转眼间，却变成了一位大腹便便、身宽体胖的土肥圆了呢？如今这体态僵姿木瓜面，臃肿万重水桶腰；行路须当防滑石，渡江不可过危桥，愁煞人也。

幡然醒悟时，已物是人非啊。曾经那位玉树临风，气度不凡的小伙去哪儿了？前前后后不过十多年光景，一胖毁所有！

可叹岁月不是一把杀猪刀，而是一桶猪饲料！

2. 忆往昔也是瘦子一枚

留学，便意味着背井离乡，也意味着选择了条件极为艰苦的生活。

都说胖子是潜力股，80% 的胖子瘦下来都是男神女神。

此话不假。

当胖子瘦时都会亮瞎你的双眼！十多年前，留学德国的我，也是一个 130 斤风流倜傥英俊潇洒的帅小伙，用当年初恋女生拒绝我的一句话说就是："除了帅，你一无是处。"（我可以说我对外表的自信程度完全取决于多少女孩喜欢我吗，呵呵）

其实留学，便意味着背井离乡，也意味着选择了条件极为艰苦的生活。至少我是这样的。

当时的生活状态常常是吃了上顿没下顿，吃了这顿愁那顿。每天我几乎没有一点空闲的时间，整个人异常的忙碌：只做两件事，学习和打工；只去三个地点，教室、打工的地点、宿舍。

毫不夸张。

可就这三点一线的生活，却也并不轻松：因为我不会做饭，经常要去朋友那里蹭饭或去外面吃，一个最普通的土耳其汉堡差不多也是 3 欧元。

十五年前的 3 欧元，都可以抵过国内父母一日的餐食了，也不是我故意给自己贴穷留学生的身份，真心是物价昂贵之极。

以我当时的经济状态，根本负担不起这每天的固定支出，于是吃饭基本是靠省，交通基本是靠走了。偶尔能搭上个同学的顺风车，对我来说都是小幸福。

我有一个同学，打工一段时间后买了一辆自行车，这消息瞬间传遍我们的小圈子。

“真够可以的呀，自己买了一辆自行车。”一次，我拍着那哥们的肩膀说，内心真是羡慕不已。

“不就一辆自行车吗？”你可能会问。是，就一辆车而已，在德国的大型超市花个大约 150 欧元，分分钟就可以骑回去了。

可你知道吗？一辆自行车 150 欧元，可救我于饥饿 50 次，温饱还是个问题，怎舍得去买自行车？

而当温饱还是个问题时，脂肪又从何而来？

可后来，我怎么就胖了起来呢？！

帅气的 130 斤到土肥圆的 185 斤，在一天天的赶路、一顿顿的酒局、一个个喝多了蒙头就睡的夜晚中，一斤斤的被吹起来了。创业初期，是无数个飞机、火车、汽车当上下班交通工具的日日夜夜，我不是在酒桌上，就是在赶往酒桌的路上。我也从一无所有到亿万身家，仔细算算，每增一斤肉也要 200 多万元，啥肉能值这价啊？

别动不动就和我提胖，说的好像谁没瘦过似的，呵呵。

3. 最常见的工伤是胖，我差点没牺牲

我拍了一下手，做出了一个对我来说仅次于出国留学和弃医从商的又一个意义非凡的决定。

全世界铺天盖地都是一片减肥声，如果我突然站出来大喝一声："我是故意要增肥的！"不知会遭到多少胖子们的仇视，"你有病啊？"

而坦白讲，促使我痛下决心"增肥"的是一次"聚会"。

创业初期的某天，经一位"红娘"介绍，我去拜访德国一位光伏行业内的大咖。对方见到我的第一句话是："怎么这么年轻？"但那次见面莫名其妙就成了一串省略号。

经不过我的再三"盘问"，"红娘"吐露了"实情"："他说你好瘦好年轻，就没有再说什么了。"

我竟无言以对。

当时我脸上肯定是一副哀伤状。朋友见我如此也有点义愤填膺："不看别的只拎重的，还是当买东西呀？"

"没事儿没事儿，他有他挑我有我拣的。"我安慰朋友说。

回想起来，我参加行业内的各种会议，确实没人主动跟我交谈，甚至没人理我，各种白眼，各种不屑，各种嘲讽，各种碰壁，敢情全因为我身材消瘦？

这……难道这就是所谓的“嘴上无毛、办事不牢”，简直“醉”了。

再细细一想，恍然大悟。的确，我“混迹”的什么光伏企业展会、欧中新能源联合会等等，与会的所有企业家们普遍具备一个共性，就是胖！个个挺着个又鼓又圆的啤酒肚，就像怀胎十月。

德国人之所以普遍偏胖，与他们偏爱的两种食物脱不了干系，一种是香肠，一种是啤酒，都是长肉利器。因此穿梭于各种酒席宴会的德国商人都极为肥胖。而我消瘦的身材，稚嫩的外表，一副乳臭未干的样子确实很难让人相信是谈几千万欧元生意的老板，更是很难相信我有能力做成生意。

看来我和这些老板们的差距不是分量而是肚量。没点啤酒肚也配说自己是老板，谁信呢?

胖！我拍了一下手，做出了一个对我来说仅次于出国留学和弃医从商的又一个意义非凡的决定。

开启增肥模式的我，天天至少吃上三大根德国香肠，外加两瓶黑啤，很快，啤酒肚就起来了。

果然，物以类聚，人以群分。当我特地蓄起了胡子，颇具“福态”地再次出现在类似的高端峰会上时，就有德国本地的企业家开始与我攀谈，寻求相关的合作意向。

逐渐地，我融入了他们的圈子，并谈下了好几个足够量级的大单，为福能集团的起航画上了重要的一笔。

事业高峰期,我在欧洲23个国家都有自己的分销网点和合作伙伴,一年中，将近300天在出差，与客户喝酒、聊天、交朋友。外国人其实也讲究以酒会友，把酒言欢，关键是他们酒量还奇大，喝酒还要拿肉当下酒菜。

待我33岁时，体重已经飙升到185斤，以至于在“非你莫属”“成功”引起了关注：这是何等的土肥圆啊！

俗话说，“易涨易退山溪水，易反易复小人心。”我看，这增胖减瘦更是愁人神啊！！！

想当初为了事业增肥，到头来，成了回国后阻碍我发展的第一绊脚石。时过境迁，曾经改变我际遇的身形如今却成了实实在在的“工伤”。

唉！难怪说最常见的工伤是胖，我真是差点没牺牲！

4. 下定决心重塑金身

什么是勇气？我认为，所谓的勇气就是：爱一个人去追，喜欢一件事去做。

爱美之心人皆有之。自古以来，都是如此，男人也不例外。

一次出差回来后，老婆给我买了一套特别好看的西装，她是依据半个月前我出差前的身材买的，可这会儿，我居然直接穿不上去了。

老婆强“挟”着我去商场更换新衣，在商城又遇上了以前的老同学，一看见我就说：“佳勇，你又胖了！看来日子红红火火呀！”

那夸张的眼神让我印象深刻，于是回了一句：“三个月后，看我魔鬼般的身材。”

“哈哈，当心魔鬼看见你！”那家伙还不依不饶。

一时间尴尬无比。

曾经，有段时间，老朋友见面时总是以一句“佳勇，你最近又胖了”作为寒暄，我从来不以为然，只是习惯性动一动腰间皮带以减轻皮带与肚子之间那种犄角相对的紧绷感。

可这次的这句“佳勇，你又胖了”直扎心间，我真真痛心疾首啊，习惯性动一下腰间皮带，突然觉得它要勒得我喘不过气来了。

“九瘦真经”自知式：人贵有自知之明，胖贵在百战燃脂

可是，发胖容易，那肉都是一斤斤地长；减肥，那肉却是一克克地掉，难度众所周知。

但我偏是作出决定便不退缩的脾性。不管是我的求学、转行，还是后来的创业，无不是始于初期对自己现状的不满意，下定决心去改变，加之不断坚持，最终等到开花结果，成就了一个最好的自己。

减肥也是如此，首先始于对自己185斤的严重不满，下定决心要改变；其次，也是最重要的，是有那份坚持的勇气。

什么是勇气？

我认为，所谓的勇气就是：爱一个人去追，喜欢一件事去做。

听从自己内心的声音，用实践去代替感知，不撞南墙不回头，撞了南墙也得翻过去。

否则，再大的决心，再多的口号也都是无用的。

固然，设定一个清晰的目标是好事，但不付诸行动，只是喊喊口号，这顶多也只能算是个幻想而已。

前两年，在我回国创立 PVGO 后，每天都有大量的学生在微博上私信我说想要创业；不希望再过穷日子；要比别的人过得好，等等。

“九瘦真经”自励式：衣带渐宽终不悔，为衣瘦得人憔悴

可结果，往往是口号喊得挺响亮，一到实操阶段立刻没了踪影。这跟每天都在抱怨自己太胖了，口口声声喊着减肥，结果什么也没做，肥胖依旧的减肥者有什么区别呢？

对于梦想来说，口号是不值钱的，行动才是无价的。

既然决定了要瘦，就不要给自己那么多理由。义无反顾地走上减肥的道路，拼尽全力开启斗脂模式。

Part 2 | 斗 脂 记

瘦身不成功何以谈人生

1. 数字有重量，梦想可拆解

当你把目标拆解变成了一种习惯或思维模式，你就会发现，成功有迹可循，可以复制。

七年之间，我的财富从12500欧元到过亿元，体重也从135斤长到了185斤。

《非你莫属》中自己都不堪忍受的土肥圆形象直接刺激到了我，让我立马下定决心：一年内，体重减回留学前。

我第一次怀着严肃的心情站到健康秤上，指针稳稳地停在了“92.5”公斤处，而留学前我的体重在135斤，人生至今为止，也是头一次对自己的体重有了一个较为清晰且量化的认知。

从185斤到135斤，意味着我要在1年内甩掉身上50斤肉，想象一下，50斤肉摆放在桌上，也是非常可观的一坨了（想必很多人想到这，就心生绝望了吧）。

我拿出一张白纸，飞速写下几个数字：12 个月，365 天，52 斤。要想在一年内甩掉这 52 斤，核算到一个月平均需要减掉 5 斤，一天平均需要减掉 2 两。一个看似很难逾越和不可能完成的任务，瞬间变得理性而可控。

也许最初促使你买下我这本书的原因是听过我 1 年缔造的 52 斤瘦身过程中的百折不挠的精神、毅力。但总结我减脂瘦身成功的第一步，目标分解法不可缺少而又至关重要。这也是我在大学里演讲和金牌训练营里主讲的“梦想拆解法”。

□ 梦想拆解法要素，即 SMART 原则

具体的：目标要是一个可具象的数字，或者可理解的一个画面。

可量化：指目标应该是明确的、可衡量的，而不是模糊的。

可实现：所有的目标要有一个期望实现的期限。

相关性：主要目标要和其他目标有一定的关联，不能是孤立的。

时限性：把这个目标用时间轴倒推到当下的这一年这一个月，你应该实现的小目标。

这个方法论称为 SMART 原则，即 SPECIFIC（具体的）、MEASUREABLE（可量化）、ATTAINABLE（可实现）、RELEVANT（相关性）、TIME BASED（时限性）。

□ 也可以用 PDCA 循环方法

PDCA 循环方法即 PLAN（计划）、DO（执行）、CHECK（复盘）、ADJUST（调整）。

确保计划在执行过程中的反复复盘，确认效果，并且不断调整。要知道梦想是相对稳定的，但是执行方案一定要根据实际情况经常调整。其实创业和瘦身一样，都是从计划 PLAN，到执行 DO，再到复盘 CHECK，调整 ADJUST 的过程。

拿 PVGO 校园行里的一个案例来说，曾经有个年轻人跟我说：“将来做一个不平凡的人！”我问他：“何为不平凡？”他说 10 年拥有财富一个亿。当时他全身上下所有的财富是人民币 500 元。

那么 10 年一个亿有没有可能？我们来一场假设，第一年 10 万元，这个起点还是能接受的吧？有了第一桶金，那么第二年 20 万元实现也是可行的，往后第三年 40 万元，第四年 160 万元，第五年 640 万元都是可以实现的；基础搭建完毕，此后是一个快速倍增期，第六年是 1024 万元，第七年是 2500 万元，千万级实现后，往往是一个升华期，第八年轻松 5000 万元，第九年 8000 万元，第十年超过 1 个亿。当然上述目标解析是中间不出现意外的情况下。

实际情况可能不是做计划那么理想化，但当你学会了目标拆解法，你就会发现那些看似恢弘、遥不可及的目标其实也可以变得可控且可以实现。
这就是目标拆解法的意义，它会让目标理性而可控。

当你把目标拆解变成了一种习惯或思维模式，你就会发现，成功有迹可循，可以复制。

正是我知道目标拆解成具体数字的意义，所以在我心中，数字是有重量的。之所以这么说，一是我向来认为数字这东西很神奇。数字带来了概率，带来了排列组合等一系列的东西，这本身就是一种神奇。二是数字总能轻而易举地直击我的内心，如体重、银行卡的余额。它们让我们对自己所处的现状能有一个准确的量化认知，这个认知它既可观，也可感，更可触碰。

这些数字把你从理想的平行世界拉回到现实的世界，从而更加激发了我们想要做出改变的决心。

在我留学期间曾有那么一个场景让我记忆犹新：每逢周末我都会把身上所有的现钞全部积攒到一起，计算下能买几斤土豆和几斤猪腔骨。因为海外的生活成本相对较高，而土豆和猪腔骨是当时能买到的最便宜的食材。土豆大概一欧元能买一大袋，猪腔骨也差不多，相当的廉价。看过我上一本书的朋友一定还有印象，类似的土豆宴，我几乎整整吃了一年。

可即便是土豆宴也有成本，所以我会对数字格外地敏感，因为我必须不停地思考我要打几份工，赚多少钱才能保证在接下来的一个月甚至一周的时间内不至于被饿死，还能有多少结余；就如同在减肥过程中，你总会刻意关注今天瘦了几两，明天轻了几斤，一个道理。

数字甚至激发了我的狼性，促使我勇猛精进。

回想我在海外刚刚开始创业的时候，和合伙人老宋各拿出了 12500 欧元，在宿舍成立了我人生中第一个公司，那时的 12500 欧元相当于我人生的全部。可以说当时我已经把自己摆在了一个破釜沉舟的境地，没给自己留下任何的退路。也正因如此，让我从创业初期就具备了像“狼”一样的狠劲。我在很多场合都说过这样的一句话——一个好的创业者，想要成功，首先一定要具备“狼性”。

所谓“狼性”，是能不能在自然界通过敏锐的嗅觉去辨查猎物的方向。也就是我们一贯说的做任何事情都要有一个正确的思路和逻辑，溯源而上，一不迟疑，二不犹豫，因为任何无谓的停留都可能导致你与自己的猎物、目标擦肩而过。

即便中途会遭遇很多险阻、荆棘，也不退缩，哪怕摔打得遍体鳞伤也完全不在意，总之就是义无反顾地朝着既定的方向前进，不达目标绝不轻言放弃。

这便是狼性。

回想起自己在创业初期时遭遇的种种磕磕绊绊，有很多次都感觉真的撑不下去了，最惨的时候甚至公司账面上就只剩下 1000 欧元。但即便如此，我仍能强烈地感受到脑海里一直有一股信念在支撑着我，一步一步地迈过眼前的难关。

创业如此，减肥亦如此。

如果说当时那 1000 欧元带给我的是一种在走投无路的困境下不得不背水一战的动力，那么眼前健康秤上呈现的有些刺眼的数字其实也是一个道理。

任何塑造传奇的事情，都是要从一个个平常而普通的小事做起，假如说你想要超越我的瘦身传奇，你首先需要拿出本子，将理想体重和现实体重之间的数字，分解到每月、每天，并将它坚持一年。

这便是数字与目标拆解法的最完美的结合。

梦想可拆解，数字有重量，只要坚持下来，时间定能铸造奇迹。

2. 不被嘲笑的梦想不配称之为梦想

创业也好，瘦身也罢，终究是在实现自己的梦想，是一个突围的过程。

在我刚开始和身边的人谈到我要减肥的时候，几乎所有人都认为我只是一时的头脑发热，逞一下口舌之快，所以我收到了太多的嘲笑、调侃、质疑。

甚至有人直接当着我面和我对赌，“你要是能在一年之内瘦超过 30 斤，我给你 100 万元。”

当然，能跟我下这种赌注的人的确也是身价不菲，100 万元在我们眼中，可能更多的是一串大过了本身货币价值的纯粹的数字。但我们都清楚这只不过是生意场上司空见惯的一个玩笑，就像马云和王健林当着全国观众的面豪赌一个亿，但到最后谁也不会因为一个口头的赌注就真的去找对方要钱。

而我恰恰是一个非常愿意接受挑战的人。我做事向来有一个逻辑，就是“要

么不做，要做就要让所有人亮瞎双眼”。

直白点讲，越是饱受非议，越是被他人各种不看好的事情，我反而越感兴趣。

在我看来，任何嘲笑、任何质疑都是促使我前进的动力。当你最终成功，用你的成果去让曾经所有否定你的人信服的时候，那种成就感无以言喻。正所谓“一个不被嘲笑的梦想不配称之为梦想”，“煎饼侠”如此，“蜘蛛侠”如此，功夫熊猫也不过就是面条侠，而我现在化身“胖侠”，同样如此。

创业也好，瘦身也罢，终究是在实现自己的梦想，是一个突围的过程，如果全都认定了安逸，就不会再有这个侠那个侠的诸多传奇，何必又要选择突围？

侠之大者，为梦突围！

“九瘦真经”自嘲式：不被嘲笑的梦想，不配称之为梦想

3. 为自己吹过的牛买单

都说万事开头难，之所以会难，就是因为人们容易在开始的时候迷失了方向——谈个恋爱就想过一辈子，买只股票就期望一夜暴富，创个业就以为能够荣华富贵衣食无忧。

顶着朦胧迷离的睡眼，喝上一杯白水，冲进健身房。

每天，公司附近的健身房，都会准时出现一个疯子一般的健身狂人。

5 分钟预热，1 分钟中速运动开始，然后加快速度达到最大心率 180 多。保持这个效果 15 ~ 20 秒，然后减到起始速度运动 1 分钟，紧接着又是另外一次竭力冲刺 15 ~ 20 秒。这种循环运动在 15 分钟以内反复循环。20 分钟内精疲力竭。

此人不是别人，就是“豪赌后”试着为吹过的牛买单的我。

立志减肥瘦身开始那段时间，我不是睡醒的，不是被梦想叫醒的，我是被吹过的牛拍醒的。

要想成为一个牛的人，必须干件牛的事，我向来这么认为。在减肥这件事上，我也是这么想的。不就是每月 5 斤每天 2 两吗？对没有经验、一开始要减肥的我来说，心理上觉得完全是小菜一碟。好像没有任何压力轻而易举就能实现，于是我轻敌了。为了给自己打鸡血增强自信，同样也是为了把自己“逼上绝路”，我特意当着几个好友的面夸下海口，要在一个月的时间内减重 30 斤。

结果鸡血倒是打得挺足，可一到实践，顿时便傻了眼。商业上的应酬不可避免，朋友一起吃饭喝酒不可避免，与供应商一起吃饭不可避免，一个应酬接着一个，一个月下来，体重丝毫没降，反而直线上升。

无奈之下，只好疯狂给自己加大运动量，有时从一天的 50 个俯卧撑，到第二天就变成了 100 个，第三天变成 200 个……近似疯狂。我认为任何目标只要咬咬牙就一定都能够把它征服。可结果却是，牙都快咬碎了，体重却仍旧没有任何变化。此时我才恍然大悟——任何牛的事情都是要有靠谱的方法去保证实现的。

为了不让吹过的牛成为泡影，我遍寻“秘方”。彼时，高强度间歇性训练（HIIT, High Intensity Interval Training, 此处译为“高强度间歇性训练”，下文有简单介绍）刚刚开始在欧美风靡，你可以在健身房花较少的时间燃烧更多的脂肪。我看到此方时，如获至宝，立时迷恋上了它。因为它让我重新燃起了一个月减重 30 斤的希望。

开篇健身房中疯狂运动的我，就是在进行 HIIT 训练。

“九瘦真经”自燃式：燃烧自己的脂肪，闪瞎别人的双眼

□ HIIT 训练方法

使用 HIIT，会比使用有氧器械更吃力，但只需要使用常规有氧训练 1/4 到一半的时间。HIIT 是一种无与伦比的强烈和高效的有氧训练，因此你只需花 15 ~ 20 分钟。

开始 HIIT 训练：

选择有氧器械（跑步机、椭圆机、划船机、单车、游泳），然后进行 5

分钟的热身。

然后进行适当的拉伸运动，准备开始 HIIT。

以一分钟的中速运动作为开始，加快速度达到最大心率的 90% 或者 95%。

最大心率 (MHR) 计算公式：最大心率 =220- 年龄

继续保持这个强度 15 ~ 20 秒，然后减到起始速度运动 1 分钟，紧接着又是另外一次竭力冲刺 15 ~ 20 秒。

保持这种循环运动在 15 分钟以内。

最后用 5 分钟整理运动结束训练，然后接着进行全面的拉伸。

一年内 52 斤，分解下来的每月 5 斤每天 2 两，按理说，按照 HIIT 的疯狂训练，每天消耗和减脂绝对不会低于 2 两，一个月 5 斤妥妥的。

HIIT 疯狂训练一个月下来的确瘦了不少。可恰逢那段时间我在开拓新的业务板块，工作异常忙碌，每天应对繁重的工作。此时，只要是人，都会觉得如此高强度的训练，高强度的工作，总不会胖了吧，该适当吃点美食补充下体力了吧。

我也是这么认为的。于是难以抵挡饭局上美食的诱惑，隔三差五就会和朋友胡吃海喝一顿来犒劳自己，心中也渐渐地给自己放宽了要求，结果当然是悲剧重演。加之天生易胖体质，只要我在饮食上稍微一放纵，体重马上就亮起红灯。真可谓是“辛辛苦苦好几天，一顿回到减肥前”。

体重反弹带来的烦躁，让人苦恼且久久不能平静。

一方面懊悔自己意志力不坚定，没有禁得住美食的诱惑，另一方面难以承受 1 个月减掉 30 斤的目标将要变成泡影的现实。每当这种情况出现时，我总会在原有的运动基础上再次提高强度并加长时间，之前做 3 组深蹲，体重稍一反弹就强迫自己加到 5 组，正常 HIIT 训练一次 20 分钟，我硬要拼到 40 分钟。然后体重一下降就开始放纵，一放纵就又开始折磨自己。

这样的恶性循环持续了大概两个周期，终于折磨自己到了几近崩溃的程度，只好作罢。

但联想到自己先前在朋友面前夸下的海口，实在不好意思轻言放弃，而我之所以会如此狠毒地摧残自己，一是因为我对自己肥胖的状态已经深恶痛绝，二是内心里一直都有这么一个念头在支撑着自己：既然决定了要瘦，就要拼到底。人嘛，总还是要为那些自己吹过的去牛负一点责的。

于是，我开始努力回想自己在减肥过程中遇到的每一个坑，其实罪魁祸首都是我自己。不是急功近利，就是盲目自信，再不然就是诱惑难拒，最后前功尽弃。

痛定思痛，我开始掌握节奏和平衡，循序渐进。坚定意志，不嘚瑟。也清醒地认识到了减肥不仅仅是场持久战，更是猛然间悟到运动和控制饮食两手抓的精髓：减肥是一场组合战，谁也别想只依靠运动燃脂或是控制饮食单方面就能获得最终成功。

我不再一味追求速成、盲目加大运动量，而是根据自身体能的反馈，循序渐进。早晚各一次 HIIT 训练，一次 15~20 分钟，同时每天至少要保证一个小时的慢跑或者其他相关辅助运动。

饮食方面，我开始有意远离一切酒桌饭局，而且少吃主食，吃了红肉就一定喝上一点红酒，每天晚上只要过了 7 点，就坚决远离一切食物。

另外，我有喝红酒的习惯。对爱美健身的人士来说，酒肉是一家。近年有研究表示，喝过红酒后，能令体内促进脂肪代谢的激素增加，与多酚结合，能进一步加快脂肪代谢的速度。另外，红酒中还含有鞣酸类物质，同样具有促进脂肪分解的功效，令脂肪不容易被身体吸收。

总的来说就是秉承一个原则——管住嘴，迈开腿。

就这样完整地坚持了一个月，不仅反弹的情况再没出现过，我还成功地瘦了七斤。其中最让我感到可喜的，就是每天都能看到自己的进步。

万事开头难，减肥难亦难！事实告诉我，当时自诩一个月内必定减重 30 斤的确是吹了个牛。万事开头难，之所以会难，就是因为人们容易在开始的时候迷失了方向——谈个恋爱就想过一辈子，买个股票就期望一夜暴富，创个业就以为能够荣华富贵衣食无忧。像我，减个肥就以为能迅速瘦成一道闪电。理想丰满，现实骨感。我的新的看法是，别动不动就抱怨现实太现实，其实是你的理想太理想。

当然，年轻时谁不曾吹过牛呢，关键是有几个人为吹过的牛坚持到底了呢。庆幸的是，我坚持下来了，并且将一直坚持下去。

4. 与一万次“动摇”PK

想想这些年经历的诸多风风雨雨，让我已经形成了一种惯性思维，任何事情只要你坚持到最后，就一定有好结果。

英雄之路永远都是九九八十一难，瘦身之路永远都是一个诱惑接着另一个诱惑，不停地蛊惑你，让你动摇，直至压倒你的最后一根稻草出现。

至此，你赢则人生赢，不只是对瘦身有了更深的认识；你输，则继续胖下去，甚至连再出发的勇气也丧失。

我与减肥的博弈，绝对是一部血泪史；情节跌宕起伏，过程一波三折。上一秒信誓旦旦，下一秒初心动摇；今天刚远离美食，明天又诱惑难拒。

减肥大业一开始，我已经尝尽苦头，才悟得“迈开腿，管住嘴”的真谛。但我并没有因此就过上型男的幸福生活。

跑步的瘦身功效，人尽皆知。在我把减肥瘦身作为目标后不久，也开始了跑步。

一开始因为太胖，连一公里都跑不完就已气喘吁吁，但随着不懈的坚持，我的体能和心肺功能渐渐有长进，里程也从 1 公里逐渐变为 2 公里、3 公里、4 公里，直到每天跑上 5 公里，不仅感觉不累，还一身轻松。逐渐，我的信心开始膨胀。

正巧那阵身边有很多酷爱跑步的朋友，在朋友圈各种晒参加马拉松、戈壁挑战、素拓拉练，动辄都是几十公里。朋友们各种晒，我各种关注，一段时间后，内心里终于长满了参加马拉松的草，于是，我决定挑战自我：参加半马（半程马拉松）。

正常马拉松完整一圈下来是 42 公里，我们称之为“全马”，“半马”顾名思义就是 21 公里。21 公里，我当时根本没放在眼里。在我的逻辑里，5 公里我能不痛不痒轻松自如地驾驭，21 公里不过是翻了 4 倍时间的问题。

“半马”的当天，风轻云淡。我信心满满，带上专业的行头，在起跑枪声打响之后，我犹如离弦之箭，轻松跨出了“半马”的脚步。边跑边想象着到达终点后，挥汗如雨的我轻松完成自己人生第一个“半马”、拿到熠熠生辉的奖牌的画面，不禁脚步更加坚定而有力。

开始后的第一个 5 公里，虽然比平时自己一个人跑时速度略快，但身体并没有不适和异样。到了第二个 5 公里，看着一些从身边呼呼而过的其他选手，我卯足的劲头盖过了理性的认知，没有一点调慢节奏的意思。但快到 10 公里时，我的腿部突然剧痛。当时，第一个念头是停下，拉伸一下再继续出发，但后来发现连拉伸都剧痛无比，不得不放弃了比赛，只能望着其他选手一个一个从身边呼啸而过。

其实，作为学过医学、尊重调理和平衡的我，一直是反对超过 20 公里以上的跑步或者马拉松的，认为它纯粹是在透支自己的体能。但挑战自我带来的成就感和虚荣心最终还是盖过了我的理性认知，我的第一次“半马”就以受伤退出而收尾。后来去了医院检查，韧带严重拉伤，连走路都很费劲。

我听说过太多过于高估自己的能力，心比天高结果付出惨痛代价的案例，但没想到，就在减肥瘦身开始不久，我就跌倒在了这个坑里。

在医院，我一歇就是半个月。因为需要调养，饮食又稍微有所放纵，减下来的几斤几乎连本带利地又反弹回来了。紧接着，酒桌饭局又难以抵制。最后，开始觉得自己毅力不足、难忍折磨，接连产生了想要放弃的念头。

那段时间，一想到瘦身这件事，我就各种垂头丧气、甚至开始怨天尤人。禁不住诱惑、没有意志力、心比天高，在所有的负能量要压垮我的时候，一句在民间广为流传的鸡汤金句突然从耳边飘过："既然选择了脚下的路，哪怕跪着也要把它走完。"（都说鸡汤没用，看什么时候）

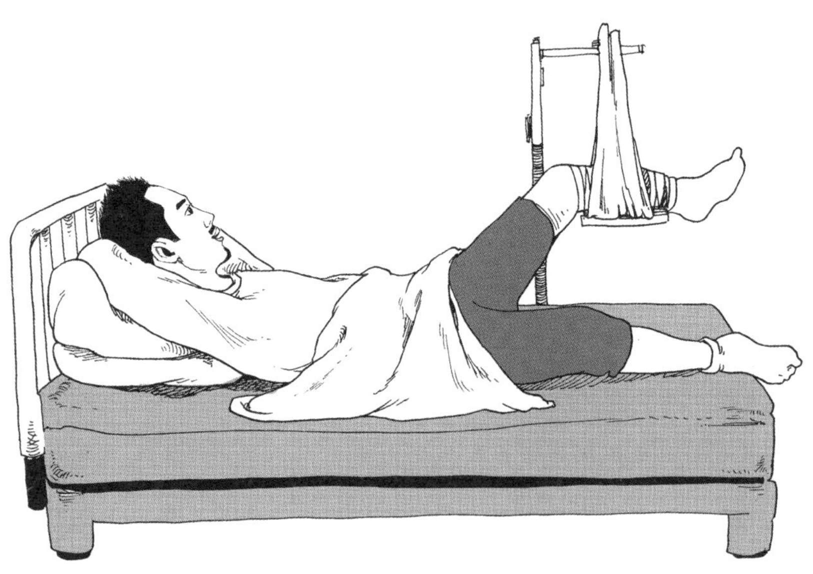

就这样，鸡汤金句又激起了我残存的输赢心，其实是我内心不服输的斗志。对，我不能被动摇打垮，斗得过动摇，方能取胜。

瘦身之路上的诱惑妖魔，除了常见的美食、躲不开的吃饭应酬，更多的还是人性自身的弱点，如理想化、盲目自信和虚荣心等。一不小心，就会让你跌进动摇之坑，让你在放弃和坚持之间备受折磨，直到连初心都让你动摇了，分分钟要灭了你的节奏。

谁要说他在减肥过程中内心从未出现过动摇，那纯粹就是胡说。在我整整一年的减肥过程中，谈起内心动摇、想要打退堂鼓的次数，至少也得以“万”来计。到最后，犹如西天取经，历经磨难我终于修得“金身”，且有了与“动遥”本身 PK 的信念。有了置之死地而后生的决心，内心的动摇不再使我退缩，我甚至还把它视为了一种前行的动力。

连小小的脂肪都斗不过，还何以谈博弈人生！

人的一生，总是在与各种各样的问题和困难斗争中前行。想想这些年经历的诸多风风雨雨，基本上让我已经形成了一种惯性思维，任何事情只要你坚持到最后就一定有好结果。所以，在我减肥的过程中，虽然经历过反弹、动摇、起伏，可相比创业时期经历的那些坎坷，实在太正常不过了。我承认减肥是一件有难度的事情，但它到底有多难，我想与之博弈，我喜欢博弈过后，成为更好的自己。

用我喜欢的海明威的那句话结尾：“优于别人，并不高贵，真正的高贵应该是优于过去的自己！”
我想做一个高贵的人，你呢？

5. 远离诱惑比抵抗诱惑更有效

既然诱惑根植于天性，我们抵抗诱惑就相当于跟天性作对。抵抗天性太容易失败了，而绕开和远离诱惑源则有效得多。

斯坦福大学著名心理学家凯利·麦格尼格尔在其《自控力》一书中提到：自控只是一时的行为，力不从心和失控却是常态。

对此观点，我深表认同。研究表明，自诩意志坚定的人反而最容易在诱惑面前失控。比如，自信能抵制诱惑的戒烟者最容易在4个月后故态复萌，过于乐观的节食者最不容易减肥成功。

不要说自控力多么强，意志力多坚定，归根结底是因为摆在眼前的诱惑还不够大。在巨大的诱惑面前，我们常常不过是“诱惑”的一枚小小棋子，面对诱惑，唯有掌握真正提升自控力的方法，才是自控的根本。

自控只是一时的行为，力不从心和失控却是常态，此定律威力无比。我自知自控力不强，因此在减肥瘦身的过程中，我抵抗诱惑的方法非常简单，并没有与自控力死磕，而是远离诱惑源。

减肥初期，为了抵制诱惑管住嘴，我正儿八经地叮嘱我家阿姨："饭点过后，绝对不能让我看到任何饭菜，哪怕是让我闻到一丝饭菜的味道都不可以。"阿姨非常严格地执行了我的安排。

那时的我家，只要一过了饭点，不管你是在桌子上、冰箱里还是在任何角落，绝对找不到任何能拿起来就吃的熟食。有时实在是饿急眼了，就到冰箱里一通翻，找出生菜、黄瓜等可以生吃的蔬菜勉强果腹，而且还一边啃着黄瓜，一边两眼炯炯有神放着"绿光"，四处觅食。

后来偶然又重温了一遍电影《甲方乙方》，看到吃腻了大鱼大肉、山珍海味，手里拿着大哥大，硬要做一回"受苦梦"的尤老板，在"好梦一日游"公司的安排下，在一个穷乡僻壤的山沟"历练"了两个月，最后馋肉都快馋成黄鼠狼了，一到夜里，两眼就发绿光，"全村的鸡他都没饶喽"……突然有了一种相逢何必曾相识的感慨，一想到此段历程，我都不禁笑出声来。

"抵制诱惑"四个字说起来容易，其实却是一件挑战度极高的事情。虽说在过去的十万年里，人类一直在不断地进化，但原始的天性却从未发生过改变。只不过由于我们中的绝大多数人都生活在一个相对文明的环境下，导致很多天性从来就没有被释放过。

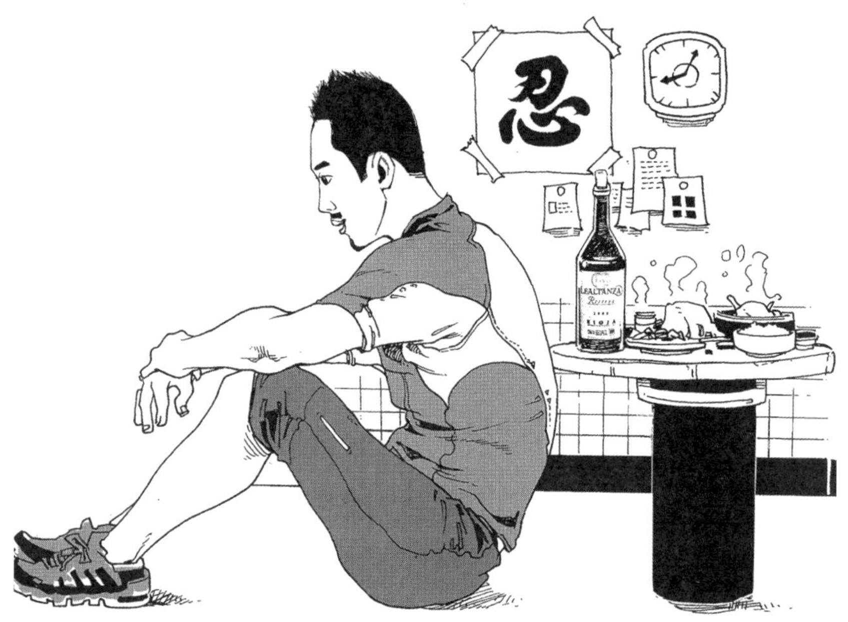

“九瘦真经”自控式：抽刀断水胖子油，借吃消愁愁更愁

人的一生中最大的考验莫过于“抵制诱惑”。诱惑分为好多种，像金钱、权位、美女、香烟、美酒、美食、清仓大甩卖等都包含于其中。

对于减肥来说，“好吃”无疑是个致命的弱点。就拿甜甜圈来举例，正因为吃是人类的生理本能，再加上渴望糖类和脂肪也是身体的本能反应，所以才有那么多人对其毫无抵抗能力。

既然诱惑根植于天性，我们抵抗诱惑就相当于跟天性作对，其难度之大可想而知。从反反复复反弹的减肥历程看，我的总结是：抵抗天性太容易失败了，而绕开和远离诱惑源则有效得多。

此外，不放纵自己，养成好的生活习惯相当重要。

我到西班牙放长假的时候，一般都会反弹 5 斤左右，因为回到西班牙，基本上就是陪陪孩子，孩子吃你跟他一起吃，他们吃垃圾食品，全是汉堡薯条，特别容易胖。好在我不是一个轻易放纵自己的人。我身上基本上没有太多陋习，很少抽烟喝酒，最多就是偶尔品品红酒，因为红酒对身体健康大有助益。

而且，为了让自己远离诱惑源，我形成了“特立独行”的商务风格。如果你足够了解我，你会发现，我几乎很少和人约饭局、约酒局。这在生意场上，说实话，尤其是在中国，真的很少见。相反我倒喜欢别人约我跑步，最好是在饭点去跑步，这样也就堂而皇之地抵制住了诱惑。

我从 2013 年到 2014 年减肥瘦身一年，而这一年恰逢 O2O 盛行，移动互联网风头正劲，有人戏称，哪怕是猪，只要站在风口也能飞起来。而我整整一年的时间，没有做生意。周围很多人都说我这一年亏大了，错过了资本狂潮，错过了很多财富机会。

但于我而言，减肥瘦身的一年，却让我获得了一次新生。

我收获的不只是身体上获得运动的快乐，更是有型的身材和健康的身体。这一年，对抗的不只是脂肪和身体，更是诱惑和自控力，以及对自己更深的认识。我从心性和自知上对自己有了更深刻的认识，获得了走得更远的资格。

6. 怎么算对自己狠

要么瘦，要么拼到底 。只要没有达成目标，就要选择继续出发、坚持下去，无论看起来多么遥遥无期，其实目标都会越来越近，未来也会慢慢变得清晰可见。

从小，我就喜欢武侠。

尤其喜欢一个侠客，背负深仇大恨，怀着君子报仇十年不晚的决绝之心和胸怀，闭关苦练。终于有一天，练就一身绝世武功，重出江湖。这样的画面总是让我振奋。

相信很多人也跟我一样。仔细分析，我觉得振奋来自两个方面：一是苦练终有所成，成为了人人敬仰的大英雄，英雄情结是共鸣点。二是我注意到武侠小说里的桥段，绝世高手和传奇大侠，背后都是一段仇恨，要不父母双亡，要不妻离子散，不是为了江山社稷，就是为了儿女情长，这点则反映了艰难困苦玉汝于成的千古铁律。

这两点，想有所成的人们尤其需要。我们生活在一个充满惰性的时代，一个拖延症爆发的时代，还未出发，就已经把借口、后路都留好了。所以，很多人总习惯于把失败归结于自己运气不好，所以才诸事不顺。但在我看来，一帆风顺却并不一定能够成功，太顺往往让人膨胀而失去理性。我倒是相信一点——置之死地而后生。

倒不是我多么爱把自己逼上绝路，谁不愿意安享太平盛世，坐拥天伦之乐呢？可如果没有那些悲惨的境地作为动力诱因，也许就不会有那些大侠剑客了。

我人生中取得的些许微小成就，无不是“置之死地而后生”。在减肥瘦身这件事上，也不例外。

九瘦真经”自嗨式：人生跌宕起伏路，我嗨我帅故我在

之所以这样，首先是我天性使然，一旦决定的事情就会义无反顾去完成；另外，铁律就是铁律，它深刻地揭示了千古不变的人性弱点：人们总是爱幻想、盲目乐观、轻敌，所以在开始一件事情的时候吃尽苦头也就不足为怪了。

减肥瘦身过程中，我反复跌倒在各种坑里，尝尽苦头。应了网上形容胖子的一句话，“你走过的路全是坑”，一针见血。

但跌到坑里其实并不可怕，此时，要做的不是别的，而只是在困难面前逼自己一把，清醒意识到这个现象是常态，继续爬起前进即可。只要不放弃，坚持到最后，必成！

在“艰难困苦玉汝于成”的减肥瘦身路上，还要防备情绪“小儿”（此处“小儿”从“造化小儿”一词而来，百科解释这个“小儿”即小子，轻蔑的称呼。之所以用一个带有轻蔑色彩的词，下文你会发现，情绪一点不可怕）。因为跌倒总会让人懊恼，让你陷入一个负能量满满的状态，对此，你只需要学会情商管理。被各种人性弱点折磨得死去活来的我，在情商管理上自认为小有所成，负责任地告诉你，情商管理也可以很简单。

我本身是易胖体质，所以反弹或者说复胖对我来说真的犹如家常便饭。为了克服反弹，我前前后后给自己设计了许多计划，制定了无数目标，可回头细想，计划也好，目标也罢，最终的结果绝大多数都没有完成。一旦没有达到预期，我总会陷入一阵懊恼。

但我深谙跌倒在坑里本身就是事物发展的常态和规律，懊恼其实并不可怕。它只是潜意识里，发现未来变成更好更强大的自己又遥遥无期了，于是心理上产生了深深的不安感。

所以，完全没必要因为没有完成目标而深陷在自责懊恼之中久久不能自拔，只要你选择继续出发、坚持下去，无论看起来多么遥遥无期，其实目标都会越来越近，未来也会慢慢变得清晰可见。所以，你需要的是快速让自己从低落的情绪中走出来，反思计划背后所暴露的问题，汲取经验教训，避免重蹈覆辙。

其实在瘦身成功后，留在我脑海里的多半是些成功的瞬间，经历过的无数次失败，则早已尘封于记忆的某个角落，很少被我想起。后来，为了鼓励胖友拉近和胖友们之间的距离，才开始屡屡谈起我当初的种种挫败。“我都成功了，你也一定行！”

失败多一些对我来说早已无所谓，目标没能完成也是常态。人性的特点告诉我们，只要完成了其中的一个，瞬间就会信心爆棚，并且能够维持很长一段时间。只是因为人类忘性很快，总是忘了跌倒爬起是事情常态，再次跌到坑里的时候，就会觉得自己不行了，坚持不下去了。

由此，人生中想成就一番事业时，历经磨难，备受高压，都不要怕，不要停，只要能扛过去，坚持不放弃，目标就会越来越近。

我一直都认为，人的一生就是一个不断优化自己的过程，是一个不断和自己赛跑的过程。即使目标最终没能实现，你也早已成为了更好的自己。

要么瘦，要么拼到底。对自己狠一点，你才知道自己原来心理承受力如此之大，自己到底有多大的潜力。

7. 常备情商管理“还魂丹”

情商管理首先就是自我认知，要了解自我，时刻检测自我情绪的变化，当某种不良情绪出现时，认清这种变化的本质，进而找到解决的方向，再进行自我管理和激励。

每个胖子一定都经历过他人的白眼，即便是亿万身家的“土豪”也不能幸免。

这可算作是我减肥的源动力。

当初我刻意增肥是为了事业发展的无奈之举，可没想到，随着逐渐度过起步期，年纪也见长，“胖”便慢慢由打入老板圈子的敲门砖，变成了别人调侃的对象：每一个胖子身边总会有这样的一些人，他们总能将你的体重轻易地转化为茶余饭后喋喋不休的谈资或者说槽点。回想起我 185 斤的那段岁月，曾很多次因为体重、坐姿受到来自《非你莫属》节目观众的嘲讽。

确实，想想最胖时期的我，185 斤，浑身上下到处都是赘肉，尤其是肚子，只要一坐下，就会立刻浮现一道“游泳圈”。于是当时看自己各种不爽：每当身边有人提议拍照，我总是会热情地拿过手机或者相机，伪装成一个专业的摄影发烧友，只为不在镜头里出现；每当录制电视节目时，我总是坐在一个离摇臂或者固定机位最远的地方，因为我知道这样摄影师就不会轻易给你推近景。我不喜欢拍照，不喜欢上电视，总之不想看到自己。不光是外形上自己瞧不上自己，体力上也是如此。留学那会，由于要节省开支，每天走个 10 公里完全不在话下，可胖了之后，别说 10 公里，就连 1 公里都喘得上气不接下气。

胖已经成为让我心情一下就变糟的导火索。糟糕的心情让我觉得身边的一切都那么不如意，看到每一个瘦子都觉得他是我的仇人。
我感觉自己就要疯了。

庆幸的是，我在德国读研究生时学的是认知心理学，主修的又是情商管理方向。这在日后自己遇到挫折和困顿受到情绪干扰时帮了我大忙。我也在各种心理调试中慢慢总结出了一套经验。

情商管理首先就是自我认知，要了解自我，时刻检测自我情绪的变化，当某种不良情绪出现时，认清这种变化的本质，进而找到解决的方向，再进行自我管理和激励。

首先，关于自我认知。

当我意识到我的不良情绪源自我在事业上取得一定成功之后，开始更加关注自身，而我的自身状况并非如我所想象般那样美好。上电视，让我看到了自己不过是个大腹便便的“土肥圆”。胖这件事占领了我的全部内心，激发了所有的负面情绪。这让我开始清楚地自知、了解自己的短板所在。

其实，触碰到痛点，并不是坏事，它会让你真的感觉到疼，甚至伤到你，会促使你鼓起勇气去做出改变。与其在心里与自己较劲，不如干脆就对自己狠一点。“人不对自己狠一次，就不知道自己有多么优秀”（见下页图中所示我的第一本书）。于是，我决定减肥。

其次，是关于自我管理。

在完成了第一步自我认知之后，我开始努力调节并控制自己的情绪，打

响了这场与自己博弈的战斗。减肥在我看来更多的是一场心理战，在这场战役中，最大的对手就是我自己。

期间，你一定会经历各种情绪的变化，从平静到激动，到喜悦，到愤怒，到懊恼，到悔恨等。在整个过程中，要准确把握自己的情绪变化，并且合理控制，及时调整。

由于我自己本身就属于那种易胖体质，所以反弹对我来说犹如家常便饭。曾经我一度因为复胖而懊恼不已、一蹶不振，甚至已经对减肥心灰意冷。但每每看到自己那一身的赘肉和电视中土肥圆的形象，就能瞬间从低迷的状态中跳出来，并再度和脂肪战斗下去。

最后是自我激励。

当情绪焦虑、沮丧、愤怒时，如何安然度过低谷期？

你需要的是适当的自我激励，可以利用你的目标，比如幻想一下自己减肥成功后的身材，别人或惊叹或羡慕抑或是嫉妒的眼光，这些都会成为

“九瘦真经”自恋式：宇宙超级无敌帅，帅得不像实力派

你调整不良情绪的解药，让你鼓起勇气重新出发。

当然，激励也存在正向激励和负向激励两个方向，正向激励就是指正面的、积极的强化，比如别人的夸奖、赞赏；而负向激励主要是通过挫折、批评来杜绝错误,不服输的心会让你愈挫愈勇。我个人更偏向于负向激励。于是，我把之前所有的负能量全部当成自己瘦身的动力。

在这样一个自我情商管理过程中，先是知耻而后勇，然后努力调节并控制自己的情绪去行动，最终打赢这场与自己作战的心理博弈，成就更加强大的自我。

这个逻辑，不仅减肥适用，创业同样适用。

不过请你记住，勇气和强大的心理绝非一朝一夕就能够形成，不可能通过两三天的改变就会立竿见影。它们都要从意识形态里一点点萌发，继而形成一股强大的信念，最终扩散到你身体每一个正处于“快速迭代”、“高速裂变”着的细胞。

8. 让复胖不再是噩梦

从瘦到胖是一种享受，从胖到瘦是一种修行，因为它无时无刻不在考验着你的信心、耐心、恒心。

减肥中最大的“坑”儿，就是复胖。

据科学调查统计，在全世界所有的减肥人群里，百分之九十以上都曾至少有过一次反弹的经历，甚至其中大部分人一而再、再而三地出现复胖。我自己也不例外。

如何防止复胖，我的方法很简单：借鉴戒烟经验，直接对抗。追根溯源，远离诱惑源，并且拒绝拖延症。

复胖的第一个原因是无法抵制美食诱惑。

我原本就属于易胖体质，又特别爱吃，所以谈及我与减肥之间的博弈可谓是“你方唱罢我登场”，咬咬牙瘦了两斤，稍微一放纵便吃回 3 斤，总是无奈越减越胖。

于是往往花费了大量时间与精力，好不容易瘦了几斤，一个小小的甜甜圈，一桌烧烤，一顿夜宵，都会让之前所有的成果与努力化为泡影，需要一切从头开始。

在那段时日里，我苦不堪言。曾不止一次想到过放弃，但天性里那股不服输的韧性让我一次又一次选择了坚持下去。在每天与自己的情绪、欲望以及外界的诱惑相抗衡的过程中，我发现：直接对抗诱惑无效，三十六计“走”为上策。

跟我曾经的戒烟经历类似，刚开始戒烟时，也曾遭遇过一次又一次地复吸，直至没有了条件和环境，才最终成功戒掉。

抽烟最猛的那段日子，是我海外生意最为忙碌的时候，几乎每天，无时无刻不在处理订单，与各种各样的合作方谈判，与各种各样的供应商对接，经常会从早晨一忙就忙到凌晨两三点。好不容易戒掉了，又到了后来光伏市场衰退期，更让我无时无刻不精神紧绷。当时受到政策影响，光伏市场危机重重，每天我和团队都处于压力巨大的状态下，吸烟便成了缓解压力与促进沟通的最好方式，那时的团队里，90% 的人都抽烟，一天一包是常事，一天两包也不稀奇。

可想而知，当时的环境和生存状态，成功戒烟有多么不易。

戒烟的契机是因为宝宝的到来。二手烟对婴儿的危害众所周知，因此我告诉自己一定要把烟戒掉。有了为宝宝的健康这个出发点，我从始至终也未曾动摇过戒烟的决心和行动。

还是爱的力量大呀！为了宝宝，我开始有意识地摆脱之前的状态，远离之前的环境。

压力特别大的时候，会选择喝一些浓茶，试着用茶多酚去代替尼古丁的作用。刚开始时，确实非常不习惯，但时间久了慢慢地也就适应了；当有人给我递烟时，我选择主动拒绝！

懂得拒绝诱惑，至少彰显出了你想要做出改变的态度。遇到有人在我身旁抽烟，我会刻意地远离几步，并占据上风口的位置，尽可能减少烟味对我的刺激。

如此一来二去，身边的同事也看到了我在戒烟上的种种努力。于是，他们想要抽烟的时候，会主动远离我；或者和我坐在一起时，努力克制自己吸烟的欲望。

减肥时也如此，不参加聚会大吃大喝，面对美食直接选择逃避，面对烤乳猪转身而跑就是我最典型的对抗吃的方式。

复胖的第二个原因，便是臭名昭著的“拖延症”。

拖延症可谓是一种时代病，你总会听到身边的人动不动就会自诩为拖延症患者。在减肥这件事上，曾经我的拖延症可谓病入骨髓。

每当我下定决心去减肥时，身边不是突然出现个饭局就是有个酒会，再或者是一盘泛着油光的炸制食品。而我在这些诱惑面前大多没有什么抵抗能力，刚好给了拖延症大展拳脚的机会，于是我减肥的愿景只得被一拖再拖，直到拖得连我自己都忍无可忍，深恶痛绝，方才罢休。

类似的诱惑，这些年来从未减少，我能够瘦，很大程度上也归功于成功摆脱掉拖延症。在我看来，学会抵制诱惑，才是摆脱拖延症的良方。

从瘦到胖是一种享受，从胖到瘦是一种修行，因为它无时无刻不在考验着你的信心、耐心、恒心。我正走在修行的路上，你是否愿与我同行?

相信，只要步履不停，我们总会遇见。

Part 3 跑 步 记

跑遍天下一览众衫大

1. 与跑步结缘

我想在世界上每一个到达过的地方，都留下我奔跑的背影、挥洒的汗水。

有人说，生活看起来无趣，是因为少了一些仪式感。跑步，让我的生活多了这一重仪式，让我有更多的时间去做好每一天的预备。

我与跑步的结缘，最早是因为被长江商学院的戈壁英雄拉到了一个跑友群。

开始时，由于群里全是来自各行各业的优秀企业家，他们不仅事业有成，还坚持运动，身材有型，作为一个萌萌哒乐天小胖纸，我一上来就被群里的跑友“感染”了，顿时觉得跑步是一项充满正能量的运动。看着他们分享着彼此的成果，一直都在进步，今天比昨天又多跑了多少公里，又多消耗了多少卡路里，总是在互相给予对方鼓励。

我，跃跃欲试了！

俗话说：万事开头难。而我，偏爱早上跑步，觉得晨起能让人一天精神。于是，本来就难以坚持的跑步，加上早起，简直是难上加难，真是给自己找虐啊。

前三周，与床的抗争是最痛苦的。一周能早起 2 次，完成 7 ：30 前开跑真不是那么容易。刚开始，放弃的想法分分钟要“灭”掉我的节奏。也经常想找各种不坚持的理由，比如说天气不好、有聚会、要出差等。但我内心很清楚，只要有一天松懈，以后就能有各种理由放弃，毕竟惰性是人的一种基本天性，与天性抗争当然是难于上青天呀。

所以，我的诀窍是，哪怕是一天一公里两公里，也要咬牙跑，坚持下去。

跑步一周后，我开始想挑战自己。跟朋友打赌，一次跑 5 公里。测算从我所居住的小区，从南门穿出、西南门返回，绕小区一圈，全程正好 5 公里。于是，清晨七点整，迎着朝霞，穿好跑步装备，我信心满满地出发了。

但跑到 3 公里的时候，基本已经累得跑不动了。跑步一周，一般都会“死”在 3 公里这个关卡上。我也曾几次试图突破这个坎，但每次都放弃了。

有一次，跑完 3 公里后，坐在小区西门的台阶上，准备休息下再继续跑，顺便拿出了手机，然后，就看到朋友微信上发来的信息：“佳勇，还跑得动吗？”我愣住了。

绝不能让朋友笑话！

一狠心、一跺脚、一咬牙，我又坚持跑了下去。

第一次 5 公里，勉勉强强过关。这个“Impossible Mission”（不可能完成的任务），在“虚荣心”的作用下完成了。

这算是我跑步生涯的一个新起点。后来我经历了一次又一次好像迈不过的坎，也享受了一次又一次迈过坎之后的欢喜鼓舞。就像懵懂开启的一场恋爱，我怀着说不清的渴慕、紧张和兴奋，逐渐爱上这项运动。

从那年的4月，那些春暖花开的日子开始，我在小区晨间的出勤率越来越高。跑量和速度都是正比率增长，随之而来的，就是对自己的认可和对未来的信心。

到了6月份，我已经非常享受跑步的感觉。每个清晨，呼吸晨间最新鲜的空气，全世界的道路都很空旷，全部都是属于我的；身旁每一处沿途的风景，都带着一天的新意迎接晨光，我觉得是身体和灵魂在一起奔跑……

“九瘦真经”自省式：每日秤上称三称，三省吾身瘦得轻

每天一跑，每天都是新的。

身体上，它消耗了身体里大量多余的脂肪，体型上开始产生大的变化，同时心肺功能提高了，小腿肌肉开始紧实。心理上，觉得每天精神饱满，觉得自己更年轻有活力了。

而且，据说经常运动的人，情商一般也不会太低。因为运动的人能够很好地控制自己的情绪，在做事上专注力也更强。

医学上，有种说法叫做运动改造大脑，人类的大脑之所以能在两百万年的进化中，脑容量扩张了三倍，主要原因就在于人类能够直立行走后开始善跑，无论觅食还是狩猎——这是我们生存的需要。

很多科学实验表明，像多巴胺、去甲肾上腺素、大脑生长因子、大脑传递介质等等都是可以在运动中逐渐增强的。跑步还能加快身体的新陈代谢速度，从而使人变得既年轻又有活力。

就这样，跑步对我成了一项神奇的运动，开始潜移默化地改变我的生活状态。

在我开始跑步前，曾经为了工作出差去过 48 个国家，200 多个城市。这些城市或能迎着太平洋上的朝霞开启晨跑，或有世界最美丽的金色海岸线可自由奔跑，又或者有城市最美景点连线的健行线……这些我都错过了，这成了爱上跑步后的我心中的一大憾事。

曾经的我，把跑步当成是减肥的一个必要工具，而如今跑步对于我来说已经变成了释放压力的最佳途径，并从中得到了乐趣，我喜欢跑步的踏实感，从距离到时间，都没半点虚假。

对于跑步，我也有了新的梦想：跑遍世界。是的，我想在世界上每一个到达过的地方，都留下我奔跑的背影、挥洒的汗水。

心有境，跑无疆。

当你迈开步子的那一刹，你会发现，整个世界都在你的脚下。

2. 为瘦一起奔跑群

越是具有挑战性的事情越容易激发人们的潜力，团队的力量也许会使很多人戒掉借口。

前一段时间，微博上一个 # 香蕉打卡 # 的活动火了。

发起活动的是湖南卫视那个胖主持人杜海涛。他一下子从人们印象中那个憨实可爱的胖子变成了现如今帅气高挑的型男，所有看过他减肥前后照片对比的人，都惊叹不已："胖子都是潜力股啊！"

人们纷纷向他讨教减肥秘籍时，他自己却坦言，只是建了一个"不跑步会死"的微信群。

我也是投身跑步群后喜欢上跑步的，深知有一个互相监督跑步的群，群里所有人每天都在坚持跑步，大家互相监督、互相分享、互相羡慕各自的"晒"，是多么重要。

"九瘦真经"自拍式：不以自拍为目的，跑步上哪找动力

为了能鼓励更多的人，今年年初，在我个人微博及订阅号上发起了一场名为 # 瘦五斤 # 的活动。由我来全程制定瘦身计划，除了合理膳食外，每天就是带领大家打卡跑步，并给予指导，任何一个有决心在十天内瘦掉五斤的朋友都可以参与进来。

为什么我着重强调 # 瘦五斤 # 这个活动，只面向于那些有决心在十天内瘦掉五斤的群体呢？其背后遵循着这样一条逻辑：减肥成功首先要具备改变自己现状的勇气。

#瘦五斤#群，要求组内每个人都达标！每个人哦！这目标，看着简直不可能成功。

但一个充满挑战、充满鸡血的跑步团体，还是诞生了。#瘦五斤#这不是一个普通的组织，这是一个精细化管理的组织，采取的是“小组激励制”，报名的成员需通过组建小组来参加活动，每天报道饮食、跑步时间，一旦出现有人没能坚持打卡，或是没能在十天时间里实现瘦五斤的目标，则其所在的整个小组都按失败计算。

减肥要有正确的方法与坚持的毅力，#瘦五斤#正是从两个方面入手，一来教你合理的控制饮食，养成一个良好的饮食习惯；二来教你每天都坚持跑步，通过打卡截图相互监督，绝不轻言放弃。

毫无意外，每个人为不拖小组后腿也为荣誉而跑，一天天都在进步、瘦身。很多旁观者都说我过于自信了。没有人相信，这些人真的都会瘦。但不了解跑步的强大力量的人，是绝不会知道一个人在跑步中会发现什么，如何改变对人对事的看法。更理解不了，在一个群里，大家能为了小组集体荣誉燃起斗志和勇气，以及坚持的毅力。

最终#瘦五斤#活动里，14支报名的队伍里5支完成了既定的目标，有超过30人通过这十天的坚持瘦了五斤以上。

其实，越是具有挑战性的事情越容易激发人们的潜力，团队的力量也许会使很多人戒掉借口。所有的一切往往能超乎预期，完成看似不可能的任务，让参与者的自信心成倍增长。

到最后，#瘦五斤#活动与我个人自信与否已无关系。我想通过#瘦五斤#的活动让大家一起自信起来，带动更多的人靠勇气朝着既定的目标去改变、去前进。至于最终，是否能在十天时间内瘦五斤，已显得不那么重要了。长期的经验告诉我，当你真的成功迈出减肥的第一步时，你所瘦的一定不止五斤。

不管怎么样，当穿上跑鞋，与一群人约跑后，跑步甚至能以你从未想过的方式改变你的生活。

我们会跟很多人擦肩而过，也会跟很多人萍水相逢。

有的人陪你走过一段岁月，有的人与你跑过一岁枯荣。

3. 跑步是一道证明题

真正拥有梦想的人，他们都不做选择题，只做证明题。跑步恰恰就是一项不断证明自己的运动，在跑步中一点点直面真我，证明自己，并成就更好的人生。

#瘦五斤#活动，是我个人跑步人生的一个真实写照，其开启的时间比杜海涛的#香蕉打卡#更早。

当初，我是想通过这个活动去激励更多的人，更多的是想把一种正确的瘦身方法和一种健康的生活方式传递出去：减肥不需要复制模仿任何一个人的减肥方法，而是学习那份坚持不懈、不放弃的精神。

#瘦五斤#活动发起之前，正是处于 PVGO 百场校园行行程最为密集的一个阶段。几乎在每一站校园行巡讲会的现场，我都会抽出至少半个小时来和同学们分享一下我在减肥过程中的一些经历与体会。

“这是我 185 斤时候的照片”，胖子的照片果然“触目惊心”，当它出现在屏幕中央的时候，竟瞬间便会引发全场的轰动。

全场数秒鸦雀无声，全部惊呆并倒吸气的场景，我几乎见了百场。

“勇哥，你怎么减下来的啊？”

大家对于减肥的热情一点都不比创业来的少。

“管住嘴，迈开腿。用跑步来改变人生！”

我总结自己的减肥经验，一点一滴如实地讲述，效果甚至可以秒杀国内最顶尖培训师的破冰演讲。其中，我最推崇的就是跑步。它是效果明显且基本不需要花一分钱的减肥方式。

只需要一双跑鞋，甚至跑鞋都可以不是必需品，你就可以上路了。跑步也许是这个世界上最简单、最容易实现的运动。但它却能帮你塑形、让你摆脱现代生活的压力，甚至更透彻地思考人生。

□ 勇哥百问不厌的问题，“小腿如何不变粗”？

其实90%的马拉松跑者小腿都很细，所以多半是你跑步的方法出了问题。我觉得很有必要，把当初跟学生们交谈总结的观点分享给大家：

第一，脚掌正确落地是关键。跑步的时候，你通常是前脚掌先落地还是后脚跟先落地呢？如果你的答案是后者的话，那你就犯了一个错误。跑步时，后脚跟先落地是不正确的，这样跑步很容易损伤跟腱。所以，跑步时要切记用前脚掌落地，接着全脚掌触地慢跑。跑步并不必然导致小腿变粗，小腿粗大多是由于本身的肌肉类型和神经类型决定的，很大程度上是天生的。

第二，热身运动很重要。从小学起，上体育课的时候老师就教过我们运动前要先做热身，以防拉伤肌肉。在我们进行跑步减肥前，也要先拉伸腿部肌肉，让小腿以最佳的状态去迎接后面的运动。

第三，慢跑减肥最见效。慢跑（慢跑是有氧，快跑是无氧）属于有氧运动，它通过运动消耗机体多余的脂肪，达到减肥瘦身的目的。不要以为跑得越快，减肥的效果就越好。快跑虽然消耗的热量比较多，但是这会对小腿造成负担，加快肌肉的增长，导致小腿变粗。脂肪真正燃烧的时间是在持续运动 30~40 分钟之后，所以坚持慢跑半个小时以上是最有效的跑步减肥方法。

第四，跑后伸展运动不可少。很多人一跑完步就赶紧坐下休息，往往都忽略了跑后伸展这一环节。跑后做伸展运动不但能缓解跑步后的肌肉紧张，避免造成筋肉绷紧，还能将块状肌肉通过拉伸变为条状肌肉，从而有效保持腿型的完美。拉伸的方法是：向前跨出适当距离做弓箭步，脚尖与身体方向一致，一手抓住固定物保持身体稳定，后腿伸直，脚跟踩住地面，然后将身体压向前下方，有牵拉感后保持 15 秒。或者将牵拉腿脚跟放于地面，脚前掌踩在距离地面大约一个手掌的高度，膝关节伸直，脚掌发力压向地面，有牵拉感后保持 15 秒。

但，跑步又并不是想象中那么简单，它是一件逐渐调整、改进，不断超越，需要长期坚持的事情，还需要专业的医师、教练的指导。

其实，我倒是想借机感谢一下一直以来指导我跑步的几个人：李宏图医生，以及国家体育总局的郭教练、高教练，他们指导了我许多科学的方式方法，如何去做规划，并且帮助我从跑步的受伤中快速恢复。（其中李宏图医生，是世界物理治疗大师 Brian Mulligan 的学生、中国注册康复医生、新西兰注册物理治疗师、新西兰 Peace Physio 创始人。他于 2008 年在新西兰创建的 Dr.Sam Li 康复品牌，以运动健康与康复为切入点，已形成康复服务、康复培训、 康复设备三大板块为核心的产业链，日益成为国内领先的康复品牌。）

言归正传，跑步中的第一个拦路虎就是没时间。

每一站校园行结束后，都会有很多学生跑来跟我信誓旦旦地说：“勇哥，我要向你学习，我要减肥，我要跑步，我要控制饮食，我要创业！”但马上，又开始抱怨自己没有时间，或者计划总被扰乱。其实，这不过是自己给自己找的借口罢了。

仔细想想，如果跑步跟吃饭一样重要，是不是总能挤出时间呢？是不是总能完成呢？请你强大一些，“不能”从来都是弱者的借口。

有句话说：“时间就像海绵里的水，挤一挤总是有的。”我深以为然。每天，我都忙得连轴转，却仍能挤出时间来，坚持每天抽出时间去写日志、锻炼身体。

□ 勇哥答“如何挤出写作时间”？

以我个人为例。如何挤出写作的时间？坐高铁、坐飞机和睡觉前都是我最好的码字时间。

我会把手机调成静音，塞上耳塞，尽可能不被周围的环境和常规的碎片所打扰，让自己的头脑在创作的阶段始终保持一个高度专注的状态，为的是在灵感从脑海闪过的一瞬能快速将它捕捉到并记于笔下。

□ 勇哥答"如何挤出锻炼的时间"？

开会时，大家都坐着的时候，我会把单腿或双腿伸直并保持 5 秒钟，放下时不触及地面保持 5 秒钟，再伸直，往复几组，以此来锻炼腿部肌肉；而开会间隙，我常常会双手撑起身体，让屁股远离椅子，身体悬空，由此来锻炼腹部和手臂肌肉群；如果你看《非你莫属》，注意细节，其实会看到我在台上也有这样的小动作。而当站立时，就算在跟人说话，也可以把双手放在身后扣牢，尽量让肩胛肌肉最大限度靠近，锻炼肩颈；环境可以，来两个深蹲也是可行的……

第二个拦路虎是遇到挫折就放弃。

很多人减肥失败，就是往往减肥计划半途而废，仅把跑步、运动、减肥等这些期许，当做美丽的口号喊了几句。

我一贯的逻辑都是，在做任何事情之前一定要提前在自己内心深处设立一条底线，如果拿投资来举例的话，就代表着这件事你所能够接受的最低回报是多少。对自己狠一点，不断地将底线拉高，不去给自己留太多的后路。

想瘦就去减，想她就去追，想创业赚钱就要比别人还努力、还拼。因为喜欢的人不会无缘无故地爱上你，金钱更不会不请自来进你腰包，跑步也不是天生就能喜欢上并能坚持的运动。

或许跑步有它痛苦的一面，可能会让你上气不接下气，让你遭受肌肉酸痛以及各种受伤，但这些都是跑步所特有的一部分，正如我们的人生，常常是因为痛苦和酸楚才显得更加饱满与真实。不要把时间浪费在幻想上，仅仅是喊喊口号，请记住：真正拥有梦想的人，他们都不做选择题，只做证明题。

跑步恰恰就是一项不断证明自己的运动，在跑步中一点点直面真我，证明自己，并成就更好的人生。

当你决定用跑步来换取一个不一样的人生时，当你设定了目标，就不要再找借口、再喊口号。

仔细想想，其实人生本身就是一场长跑，你我都在不停地征服着脚下的路。跑出自我，邂逅最美人生。

4. 跑步也有天时、地利、人和

没有天分，努力就行。抓住“天时”、“地利”、“人和”，不断改变自己，发现新的自己。开始时经历些痛苦其实并不可怕，关键在于是否看得足够长远、预见到痛苦背后未来的种种美好。

不是人人都天生爱跑步，但跑步这事儿，只要你坚持一段时间，就很容易上瘾。

你先是爱上大汗淋漓后的轻松，接着会爱上自己渐渐紧致的身体，然后爱上自己变得纯净的发肤，跑步带来的身体变化微妙而强烈。这种变化，真的会抵消精神上的疲惫感。

问题是，跑步这么好，如何开启最初的一段坚持，让自己上瘾呢？我认为只要抓住了“天时”、“地利”、“人和”三要素，离成功也就不远了。我想分享我个人的一些经历，愿你能得到启发。

关于“天时”。我开始跑步减肥的那段日子，恰是我事业剧变后的人生空档期：欧洲双反贸易战，让光伏分销和终端市场一落千丈，整个光伏行业遭遇重创，我开始准备回国发展。

其实在光伏行业年景好的时候，公司每个月大概有 300 多个集装箱，货物还没有到港口就大多一销而空，但反倾销战一打响，销售价格暴跌，甚至比生产成本还低，导致货物积压，银行贷款出现问题，简直开启了噩梦一般的恶性循环。虽然我也算经历了光伏行业的起起伏伏，但如此这般，因为政策原因导致的巨变还是让我招架不住。公司也出现巨幅亏损，子公司只能裁员来降低成本，而仓储物流基地使用率不高，造成运营成本偏大，使得局面更是雪上加霜。

政策导致这些问题根本无从解救，30 出头的我，真是一夜间愁白头。 我从未想过一个行业会突然面临如此剧变。正是这次剧变，也让我意识到没有常青的行业，无论行业发展速度多么迅猛，还是逃脱不了周期性的危机。

所有的这一切，让我有了时间去冷静地思考，开始重新审视自己，开始反思这几年自己的成长、能力与身材的变化。

恰巧事业空档期，我回国参加了电视节目录制，就是我的第一期《非你莫属》，电视直观地对容貌身材缺陷放大，让我几乎不敢直视自己。

当所有一切积累到一起时，我内心开始明确一点：改变现状。

我对自己的定位重新做了调整，未来又重新清晰起来。于是，才有了跑步健身减肥，才有了现在的我。

关于“地利”。也得益于回国发展，饮食结构有了大的变化。

回国前我生活在德国及西班牙，那里的人们普遍偏胖。这与他们偏爱的食物关系密切，啤酒、香肠、甜点、面包等都是他们超级喜欢的食物，导致每天摄入高热量、高卡路里、高脂肪。而且，西班牙的晚餐超级晚，吃完差不多就是深夜需要休息了。这种生活方式，不想长胖都难。

而回国后的饮食，首先告别了啤酒、香肠，甜点也不常在正餐出现了，多数情况下主食以高纤维的地瓜为主，晚间也会选择只喝养生粥，饮食结构一下变成了低热量为主。

很多人存在一个误解，认为地瓜是高热量食品。其实并不是！学过八年医学的勇哥告诉你：吃地瓜不仅不会长胖，还能减肥、健美、通便、排毒！每 100 克鲜红薯仅含 0.2 克脂肪，产生 99 千卡热能，大概为大米的 1 / 3，是很好的低脂肪、低热能食品，同时又能有效地阻止糖类变为脂肪。

关于“人和”。当初 # 瘦五斤 # 活动就是在“刘佳勇 john”订阅号里先组建了一个微信群，把所有热爱跑步或者是想通过跑步来达到瘦身目的的人都聚集起来，形成一个闭环，再通过圈中每个人的实际行动来影响自己，用团队荣誉、个人责任心等敦促自我，我管这种做法叫做“人和”。

跑步初期，因为身处在一群酷爱跑步的人当中，耳濡目染间他们的热情竟不经意地改变了我对待某些事物的看法以及未来的一些规划，甚至可以毫不夸张地说，从我爱上跑步的那一天起，它就已经改变了我的整个人生轨迹。

兵法讲“人和”，精髓之处就在于如果你想要干成一件事，你得先找到能帮你成事的一群人。跑步时，有一群一起约跑、一起打卡签到、一起互相鼓励的跑友，如虎添翼。

其实，无论跑步减肥还是创业，“天时、地利、人和”往往相辅相成。

跑步减肥，未开启之前肆无忌惮，可以大吃大喝，不必在乎食物的热量，不在乎时间段，饿了就吃，好吃就多吃，一切都只是为了满足味蕾与自身贪婪的饱食感而服务。

但，在开始跑步减肥之后，每天，都要面临一个和自己斗争的过程，一方面要努力控制饮食，另一方面还得远离容易让你放弃减肥的圈子，比如聚会、熬夜、KTV…… 但成功度过了最为艰难的开始阶段，就会逐渐把健康的生活方式视为一种常态，无论是心理上还是机体上都不会再抵触，取而代之的是认可和接受，逐渐形成习惯。

创业也是同理，开始会艰难困顿，融入天时地利人和，必能突围并创造奇迹。

创业开始阶段，有太多的事情亟待你去思考去锚定。

首先，要通过市场需求来确定所要进入到的行业、领域。所谓的“天时”就是你选择的行业是顺应时代潮流的。

其次，要选择一个符合特定地域的产业，甚至是国家范围内的市场需求来确定所要进入的行业、领域，即所谓的“地利”。比如我刚开始创业时一头扎入到光伏这个大熔炉之中，正是因为看到了德国本土在太阳能组件方面有很大的缺口，需求量很大，供不应求。

最后，解决人和问题，就是需要你去组建团队、磨合团队、开拓市场、寻找订单、通过市场的反应不断完善你的商业模式等。

对于初创团队来说，这中间的任何一个环节都不容有失。因为现实很残酷，竞争很激励，市场绝不会轻易给你试错的机会，你也根本输不起。在此之后，就是一个利润复制的过程，把已经获得市场认可的商业模式及盈利模式给它延续下去，逐步扩大自身影响力及市场占有率与覆盖率，同时不断打磨你的团队，让他们之间的化学反应变得越来越好。

没有天分，努力就行。抓住“天时”、“地利”、“人和”，不断改变自己，发现新的自己。开始时经历些痛苦其实并不可怕，关键在于是否看得足够长远、预见到痛苦背后未来的种种美好。

瘦身如此，创业亦如此。

5. 有趣跑事儿一：庄重的“跑友”问候礼节

终于，他跟上了我的步伐，气喘吁吁地横拐到了我的前面，随之认真敬了一个礼。我懵了，这跑友问候礼节需要这么隆重吗?

当你每天坚持跑步的时候，常与枯燥无味和孤独相伴。

但，时间也因此在爱跑步的人身上调慢了节奏。

从坚持跑步至今，我一直都认为我的身体年龄是 27 岁，包括心态，无奈身份证过于实在，瞬间将我 37 岁的真实年龄袒露无疑。

年轻的心，总感受得到更多的趣事。

一路下来，有趣跑事儿也攒了一箩筐。

回想起来，忍俊不禁的事也是有的。它给我带来欢欣鼓舞的快乐，是你所不知道的。

有一个非常炎热的早晨，六点多，日出时分，正是迎着朝阳在小区里跑步的好时光。我三下五除二，穿了个短裤就出门了。小区绕一圈刚好是两千一百米，然而很热的天，只跑了个半圈，汗水就湿透了全身。

这是在夏季跑步一种特有的快感，汗水沿着每一个张开的毛孔顺滑而下，在肌肤上流淌，让人体验到的是一种由内而外的舒畅。不过，这得赤膊跑，穿了衣服的话感觉就不那么妙了，试想谁都不会享受衣服黏在皮肤上的感觉吧。总之，就是要光膀子跑才痛快，太阳直接晒在身上、脸上，给肌肤抹上一层古铜色，上面缀满了汗珠，用手拂过脸庞，带出的汗水可以甩出好远。

那天清晨的小区非常安静，绿树成荫，大概跑到第三圈，我听见后面有脚步声，回头一看，远远的一个人影，我看着他离我越来越近，发现是一位小区的保安。我心中一愣，保安也跑步，安全更有保障，给点赞！

看他的架势，像是要和我一争高下，我瞬间加快了步频，小区往南是上坡，往北是下坡，我正在朝南的上坡路奔跑，他一路跟随着，见我加速了，他也随之加速起来。

我心中不禁慨叹，好厉害的保安，有点儿意思了。

因我对他怀有几分尊敬之心，既然是同一个小区的跑友，应该相互问候一下。这么想着，当我跑到了斜坡的最高点时，降低了速度。终于，他跟上了我的步伐，气喘吁吁地横拐到了我的前面，随之认真敬了一个礼。

我懵了，这跑友问候礼节需要这么隆重吗？

待他好不容易喘过气来，才说清楚了缘由："对不起，我们这里有规定，不能赤膊跑步。"

吓！我脑门陡然一凉，很是不好意思，跑回去套了件背心，方才重新上路。现在，出入小区，见到那保安，我都会点个头表示友好。

6. 有趣跑事儿二：面对烤乳猪转身离开

欲望人皆有之，对于诱惑，大多数人面对时，选择用自身意志力去抵抗。可我向来自控力不强，怎么办？

减肥最强大的敌人之一是啥？绝对是美食。

《非你莫属》总制片人刘爽和王牌名嘴张绍刚到西班牙南部游览时，我当起了“导游”。除了带领他们领略地中海风景，也品尝了各种小吃：利比里亚火腿、墨鱼饭、清蒸扇贝、阿斯图里亚斯炖豆、热巧克力油条……

一天中，一路走一路吃，但我也一路在懊恼的情绪中越陷越深：这些含有高热量、高卡路里、高脂肪含量的特色美食都是正在减肥中的我面临的巨大敌人，可我没有抵挡住诱惑。

为了尽好地主之谊，我还是做了一个大胆的选择，带他们去吃西班牙享誉世界的美食：烤乳猪。

我记得当时我们人还未到餐馆，远远飘来的香味已令人心生醉意。

“这么香！”远远闻得香味的刘爽说道，“果然是享誉世界级的美食。”

这边，绍刚老师自动切换成百科模式：“烤乳猪的猪胚子一般选用三公斤左右的仔猪，是吧？佳勇。”

顺便爆个料，绍刚老师生活中是一个非常有意思的人，因言语犀利，所以，连带黑起人来也与众不同，让你在他的挖苦中，升华快乐，堪称神奇。

而爽总做起吃货来也不负其渊博盛名，面对烤乳猪，他娓娓道来：“要把蒜蓉、牛油、迷迭香及多种香料反复在猪膛里涂抹，之后放入焗炉里腌制几个小时，并不断撒入胡椒粉和葡萄酒浸泡，经过腌制的乳猪放到烘烤炉里架烤，难怪还没到烤炉旁边，就能闻到如此醉人的香味。”

我已然无法为他俩点赞，因为此时我已如临大敌。

随着一头飘逸金发的服务生悄然而至，整整一只喷香、油滋滋的乳猪端到我们面前，我们的眼睛都看直了：烤乳猪皮焦肉弹，黄油香草味浓烈，恨不得立马刀叉齐上，一尝其肥美嫩滑、绵香酥软。但我听到内心突然有一个强烈的声音不断地在朝我呐喊：“刘佳勇，吃了它你就废了！”累死累活，减肥刚取得了一点小成绩，而随便一个小放纵，分分钟触底反弹。

如此饕餮美味的巨大诱惑放到正在减肥的你面前，如何选择？欲望人皆有之，对于诱惑，大多数人面对时，选择用自身意志力去抵抗。可我向来自控力不强，怎么办？

“我先去上个厕所！”这边应付完即刻准备开餐的两位挚友，那边，我已远离餐厅，沿着蓝色海岸，踏上白色沙滩开启了跑步模式。

从迈开双脚的一刹那，人生已屏蔽了一切嘈杂。绍刚老师和爽总的挖苦和嘲讽也无法动摇到我了，我的耳边格外宁静，犹如平静的湖面，波澜不惊，心情瞬间豁然开朗。

沿着沙滩，一跑就是十几公里，也不知道跑了多久，再回到饭桌前，两位挚友已是怒发冲冠：“你做东，把我们扔下你就跑了，结果还真的是去跑了，你是人吗？！是人吗？！”

由于我关掉了手机，一度失联的状态让他们差点就选择了报警。

后来，这段轶事在我们的圈子里传了个遍。时至今日，依旧在寒暄之余提起，其中喜剧色彩浓重，就连“受害者”之一的绍刚老师都说，“佳勇，当年为了减肥，也是撂下兄弟手足的，真是够拼的。”额，这是夸我呢，还是黑我呢?

不管怎么说，至少，我成功瘦下来了。这就是对所有或嘲笑、或讽刺、或调侃、或质疑最有力的回应。

面对诱惑，自制力差，那就眼不见为净呗，直接切断诱惑源多干净利落。古人云：“人到无求品自高。”我深以为然。何必跟自己较这个劲呢?

你，是否有所悟?

Part 4 复 盘 记

瘦身中的成败与纪取

1. 瘦身成功手记

瘦身手记真实地记录了我从运动时间、饮食调整、运动方法和情绪管理等几个维度管理身体的方法、过程中跌落的“坑”，以及跌落爬起的坚持。它是瘦身减肥过程的总览图，是携带方便的工具。亲们，按照日程，坚定地执行，相信时间会见证奇迹。

当我决定减肥时，首先告诉了身边所有的女人：妈妈、姐姐、老婆和女同事。她们没有一个人相信我会瘦。

185 斤的“稳重富态”印象，已经深入身边亲朋好友的内心。她们认为，我也一定会像她们一样陷入减肥程序的“无限循环”。

她们中几乎每一个人，都在和脂肪作斗争，都在喊着：减肥！减肥！减肥！但大多都会以失败告终。她们并不会因此而气馁，受到美丽衣服和曼妙身材的刺激，又经常性卷土重来。她们似乎已经把减肥当成了一件毕生事业：因为每次均无结果，但又渴望变瘦，所以便成了需要耗费毕生时光去追寻的事业。

由己推人，当我第一次说我要减肥时，她们没有一个人相信，却在继续“鼓励”我：“来，再吃一碗，吃饱了才有力气减肥嘛！”

这是啥队友？！

在她们的怀疑神情中，我下定了决心：我要瘦，我一定要瘦身成功！

“一个不能改变自己体重的人还能改变自己的人生吗？”我把这句话写在了每一本我能看到的书的扉页上，不断提醒自己。

从此，对于减肥，我变得甚为低调，我不再和任何人说我要减肥了，但却毅然决然地踏上减肥的艰苦征途，默默坚持运动，直到金身重塑。

瘦身成功后，妈妈、姐姐、老婆、女同事们以及见证这一过程的朋友们中有人提议说：“能不能把你瘦身的整个历程和一些好的方法分享给我们？你这跌倒爬起一路坚持下来的精神足以成为我们减肥瘦身路上的灯塔了。”

由此，才有了这本书。

回想我的瘦身过程，其实是从运动时间、饮食调整、运动方法和情绪管理等几个维度进行的。市面上有很多减肥瘦身和健身运动的图书，但大多都只讲运动方法和技巧。在我看来，很多人减肥失败，就是因为只取了其中一个维度。减肥其实是一个系统工程，把几个维度有效协调好才能事半功倍，才会大大提高成功率。这好比天时、地利、人和，缺一不可。

一个胖子“爬坑”“打怪升级“重塑金身”的心路历程，一个一年 50 斤的瘦身手记由此产生。

我把自己的瘦身经验总结成为“九瘦真经”和各种心得体会，以及我亲身练过的运动方法，献给想控制自己体重、赢得人生的人们。

瘦身手记真实地记录了我从运动时间、饮食调整、运动方法和情绪管理等几个维度管理身体的方法；真实地记录了在我一年 50 斤的瘦身历程中一不小心就会跌落的“坑”；也真实地记录了我使出吃奶的劲儿和全身解数，爬爬爬，最终在跌落爬起的坚持中重塑了金身的历程。

它是瘦身减肥过程的总览图，是携带方便的工具。亲们，按照日程，坚定地执行，相信时间会见证奇迹。

<table>
<tr><th colspan="7">瘦身手记：第1–2个月，信心建立期</th></tr>
<tr><td colspan="7">（以1年50斤减重目标为例）
此阶段减重目标10斤,完成目标的1/5</td></tr>
<tr><td colspan="2">阶段</td><td>坑</td><td>时间维度</td><td>运动方法</td><td>饮食调节</td><td>情商管理</td></tr>
<tr><td rowspan="2">减减减实施</td><td>特点</td><td>*馋、怂、懒
*做计划比执行的时间长</td><td>*保持每天运动一小时</td><td>*简单易上手随时可操作</td><td>*控制在原来的2/3</td><td>*不要低估自己的能力
*不要高估自己的毅力</td></tr>
<tr><td>方法</td><td>*远离美食
*想想自己吹过的牛
*后悔无用，立刻执行</td><td>*充分利用零散时间
*不要在时间上叽叽歪歪
*想到就去做，锻炼五分钟也是收获</td><td>*能站就不坐：拒绝电梯、拒绝坐车、有空就去压马路</td><td>*早、午只吃七分饱
*晚餐只吃蔬菜
*饿了多喝水戒掉所有碳酸饮料
*拒绝油炸食品</td><td>*每天给自己点儿“鸡汤”，相信自己是可以的，坚决远离一切诱惑源</td></tr>
<tr><td colspan="2">复盘</td><td colspan="5">通常第一阶段效果会好于预期目标，会极大地增强信心动力。所以初期目标要尽可能定得低，以提升信心，找到适合自己的方法为核心。</td></tr>
</table>

瘦身手记：第3–7个月，痛苦坚持期

（以1年50斤减重目标为例）
此阶段减重目标30斤,完成目标的3/5

阶段		坑	时间维度	运动方法	饮食调节	情商管理
减减减实施	特点	*食欲增长、拉锯战、挫败感、盲目增加运动量、对自己要求过高	*每天运动1.5至2小时	*加入专业、科学的运动指导	*控制在原来的1/2	*进度缓慢导致的挫败感需要无限自嗨来平复
	方法	*少食多餐、细嚼慢咽 *不要饿得不行才吃 *运动循序渐进，切忌盲目增量	*需要一定的整块时间，争取单次运动时间持续达到一小时。运动第一个30分钟消耗热量，30~45分钟开始消耗糖原,45分钟之后开始燃烧脂肪	*找到自己喜欢并能坚持的有氧运动，例如慢跑、爬山、游泳，并形成习惯	*拒绝一切脂肪肉，尽量只吃蔬菜、鱼、海鲜、牛羊肉 *计算每天的卡路里摄入量	*怕没进展，中断没关系，容得下自己的小放纵 *一定要重启，从原点开始，不要纠结断点
复盘		第二阶段开始拉锯战，效果往往低于预期目标，此时不要气馁，仍然按计划执行。如果出现断点，深度总结断点原因，以此为戒。				

瘦身手记：第8–12个月，控制成果期

（以1年50斤减重目标为例）
此阶段减重目标10斤,完成目标的3/5

阶段		坑	时间维度	运动方法	饮食调节	情商管理
减减减实施	特点	*盲目相信21天形成习惯，过度信任自己的能力，放纵	*零散时间为主，每周固定至少两次2小时左右的专业训练	*以锻炼小肌群、塑形为目的的训练	*饭量降低后，理饮食结构	*此前都是攻坚期，此时才是养成习惯的开始
	方法	*更加系统化地训练	*开始增加趣味训练时间，挑战单项运动的时间纪录	*在原有基础上加入局部动作并作为主要锻炼方式，例如引体向上、平板撑、仰卧起坐、俯卧撑等	*此时经过长达7个月的时间，你的胃应该已经饿小了。千万不能放纵自己，吃到现有饭量的七分饱	*坚持、拼到底
复盘		不要为自己暂时的胜利过分骄傲，将此体重巩固两个月并且成功再瘦十斤之日，你才有资格仰天长笑。				

需要说明的是,以上表格仅仅是根据个人经历以及感悟,结合了我五年“临床医学”、三年认知心理学及十年创业心血结晶总结而来(这样算是付诸全部心血了吧)。每个人在使用过程中,需要根据自身情况进行调整、设定。

即使有了设定,也需要不断调整。

就像上述一年50斤的瘦身手记中的阶段控制,也不是我一朝得来的。

减肥伊始,我给自己设定的目标是:12个月,365天,50斤,平均每月减掉5斤,核算到一天平均需要减掉2两。看起来是个相当接地气的计划,现实中却显得颇为可笑了,因为熬过第一个月的减肥计划,我的体重居然不降反增。

信心受挫、各种懊恼和沮丧中,我只能再次从原点出发,再次踏上新的目标实现征程。

只要你很清楚地知道,什么是你真正想要的。

所以,憧憬着瘦身成功后的健美体魄、健康身心和生活方式,坚定自己内心所想,去付诸行动追求吧。

有朝一日,写下自己的瘦身手记。

2. 身法：时间不是借口，场地不是理由

想运动的人，最讨厌的就是运动计划被打乱。遇此，常觉不爽。其实所谓打乱，仔细分析一下，大部分时间是我们自己被情绪打扰，乱了阵脚，成为了不能执行计划的借口。面对现实，解决它，让变化成为计划的一部分，才是解决之道。

一打开窗帘，以为自己瞎了。

身在北京，常常被雾霾打败，颓丧之心立刻升起。在担心健身计划又要被打乱了。

众所周知，在北京的冬天，天气预报软件上常常会提示：PM2.5 值达到多少，禁止户外活动。雾霾对身体的危害不用多说，一般建议中度污染就尽量不要户外运动。

想运动的人们，看到“尽量不要户外运动”的提醒觉得格外扎眼。

因为瘦身健身需要一套科学合理的计划：一周练几次，什么时候练，练多久，练什么项目，练前练后吃什么……所以，一碰到意外、碰到那些打乱好不容易才下了决心、周密设计完的健身计划，心情立刻就跌到谷底，两个字：不爽！

怎么办呢？不爽也没用，只能面对现实，解决它。而我的解决之道是：让变化成为计划的一部分。

其实，就算没有雾霾，加个班、生个病、来个不能推掉的饭局、出差、旅行、生病等等，也是常有的事儿。所谓打乱，仔细分析一下，大部分时间是我们自己被情绪打扰，乱了阵脚，成为了不能执行计划的借口。

不可推掉的重要的聚会，能否把运动时间提前？不可抗力的出差、旅行，是否能多带一双跑鞋？事实上，想执行健身计划，总会有办法弥补的。

我也常常有瘦身计划和时间被打乱的时候，加之我耐性不足，更是稍不留神计划就泡汤了。所以，以变应变的运动方法和窍门，成了我减肥瘦身过程中最好用的运动方法。

有数据说，在想减肥的人中，瘦身成功的人只有 5%。我想，这 5% 的人，最伟大之处就在于在意外频发运动时间被打乱的情况下，依然能坚持下来，没有让健身计划泡汤。

下文是我瘦身和健身两年来，感觉很好很强大的一些运动方法。这些方法，总有一款适合你，让你不管是在出差，还是在家里，或者是办公室，甚至在录制电视节目时都能有运动时间。

下文图解为勇哥亲自示范。

变着花样来运动，时间一长效果就出来了。

（自我爆料一下并发福利：我在录制《非你莫属》节目时，就是在现场坐着，也在运动哦。我到底做了什么运动，你可以在下文列出的项目中猜一猜，猜中我亲自带你瘦身！）

减肥塑形 7 组动作

1 不增肌减脂

降低身体的脂肪含量，主要以做有氧运动为主。

保证每周至少 3 次有氧运动，每次至少 30 分钟以上。

我做的这组减脂操，主要包含 10 个动作，包含深蹲、跳跃起、侧抬腿、臀桥踢腿、朝天蹬等。

做这个练习，只需要一个瑜伽垫，如果你有个高均由格的地毯，连瑜伽垫都省了。（以下 2、3、4、5、6、7 均只需要一个瑜伽垫）

每组动作 15~20 个，中间可短时间休息。

动作要领如下：

1–1/10 肘碰膝

1）靠左侧躺下，把你的左手撑在头部下方，右手放在胸前

2）要尽可能使身体保持笔直

3）将右脚用力往上抬起，其他部位保持不动，坚持5秒，慢慢变成10秒，15秒……

4）恢复原状，再靠右侧做一次动作

5）该动作要点是肘部尽量碰触到膝部，支撑部分保持腰、腿保持一条直线

1–2/10 侧抬腿

1）支撑侧尽量保持水平

2）另一侧腿尽量抬高

3）一侧腿落下时不要碰到另一侧腿

4）一组尽量做 20~30 次

1–3/10 深蹲

1）膝盖不过脚尖，双脚与肩同宽，背部挺直，臀后展

2）双手尽量前伸，保持水平

3）目视前方

4）不同深度练习不同肌群

1–4/10 腰臀齐动

1）双脚与肩同宽，微屈

2）靠腰部力量提臀，尽量向上

3）抬起后缓慢回到瑜伽垫

4）再次抬起，一组尽量做到 30~40 次

1–5/10 臀桥踢腿

1）采用平躺的基本姿势

2）一腿膝盖保持弯曲，另一只腿尽量伸直

3）双手交叉置于胸前

4）交换方向 20-30 次为一组

1–6/10 朝天蹬

1）头部放在舒适的位置，双手撑腰，保持腰部笔直，腿尽力向上蹬，像骑自行车一样

2）连续重复蹬车动作 30-40 次为一组

1–7/10 跳跃起

1）按俯卧撑起步姿势撑起全身

2）将腿快速收回用力向上弹跳

3）每组重复此动作 15~20 次

1–8/10 深蹲跳抬腿

1）深蹲姿势起步

2）原地跳起，并抬左腿至水平

3）重复一次后换向，弹跳右腿至水平

4）重复此动作 20-30 次为一组

1–9/10 浅快深蹲

1）按深蹲姿势起步，目视五米处前下方

2）快速深蹲起

3）保证小腿稳定，膝盖不要过脚尖

4）腰部始终保持挺直

5）一分钟完成 50~60 次为一组

1–10/10 静态深蹲

1）按深蹲姿势起步，臀部尽量朝后

2）腰部保持挺直

3）双手尽量前伸，保持平衡

4）坚持 30~60 秒为一组

2 “腹肌撕裂者”，强效收腹

这是一组动作连续并高强度的有氧训练。

可以增加体能，燃烧体脂，锻炼腹部肌肉，而且男女都适用！

时间紧凑，算上预热，前后不超过 20 分钟，完全可以灵活安插到每天的锻炼时间中。

每组动作基本都是 20 个，中间的休息时间很短。

一组 20 个，开始时难以坚持，一定不能偷懒，要严格按照动作要求，哪怕中途稍微停歇。每一阶段的动作要从生疏做到熟练，大约一个半月下来，腹部会变得相当紧致。如果再加上每天 40~50 分钟的慢跑，“将军肚”自然就不见了。

动作要领如下：

2–1/8 起跑式跳跃

1）按俯卧撑姿势起步，双腿跳至双臂处

2）弹回时身体尽量保持笔直

3）重复此动作一组 30 次

2–2/8 腾空卷腹

1）按仰卧起坐姿势起步，脚部和头部均不靠瑜伽垫

2）做抬起，以肘部碰到膝部为标准

3）反复 20~30 次为一组

2–3/8 腾空卷腹变式

1）基础动作如腾空卷腹

2）此式以手碰到小腿为标准

3）重复此动作一组 20~30 次

2–4/8 浅仰卧起坐

1）按仰卧起坐姿势起步

2）动作只做到大仰卧起坐的三分之一

3）重复此动作 30~40 次为一组

2–5/8 腾空卷腹之手脚相碰

1）基础动作如腾空卷腹

2）此式以手碰到脚尖为标准

3）重复此动作一组 20~30 次

2–6/8 螃蟹横行

1）按俯卧撑姿势起步

2）左侧手配左侧脚，向左移行

3）右侧手配右侧脚，配合左侧动作，犹如螃蟹向一侧行走

4）此动作左侧 5~8 步，右侧 5~8 步为一组

2–7/8 平板抬腿

1）按平板撑姿势起步

2）左侧腿尽量碰到左臂

3）右侧腿尽量碰到右臂

4）此动作重复 40~60 次为一组

2–8/8 原地撑跑

1）此动作按俯卧撑姿势起步

2）双腿快速原地起跑

3）重复此动作 40~60 为一组

Tips **仰卧起坐和卷腹的区别**

仰卧起坐和卷腹的区别主要在于动作的不同和锻炼的效果不同。仰卧起坐由平躺至坐起，下背部会整个离开地面。卷腹只有微微卷起上半身，下背部依旧贴在地面。仰卧起坐主要是活动到髋关节附近的肌肉，对于腹肌的训练效果有限，相较之下，卷腹只针对在腹部肌肉的训练，对于锻炼腹肌会是较佳的选择。

3 瘦手臂

这组瘦手臂的动作是在变形俯卧撑 (push-up) 的基础上延展而来。

俯卧撑主要锻炼上肢、腰部及腹部的肌肉。

由于俯卧撑本身属于力量训练，主要作用是锻炼肌肉，所以结合其他有氧运动进行，对减肥减手臂的效果会更明显。

一般推荐每周做 3 次左右，每次 1~3 组，8~12 次 / 组。

动作要领如下：

3–1/7 振臂高呼

1）盘腿坐起步

2）腰部尽量笔直

3）双臂振肩摆动，犹如振臂高呼

4）重复 20~30 次为一组

3–2/7 背卧撑

1）此动作犹如反过来做俯卧撑

2）臀部不要接触到瑜伽垫

3）重复此动作 20~30 次为一组

3–3/7 抬腿背卧撑

1）此动作如背卧撑起步

2）一腿弯曲九十度垂直地面

3）另一腿抬起，尽量保持水平

4）蹲起 20 次为一组

3–4/7 半身俯卧撑

1）全身趴在瑜伽垫上

2）下半身保持不动，尽力撑起上半身犹如俯卧撑

3）此动作重复 30 次为一组

3–5/7 燕飞式

1）全身趴在瑜伽垫上

2）双手双脚尽量抬起

3）坚持 45~60 秒为一组

3–6/7 膝式小臂俯卧撑

1）膝关节撑地，按俯卧撑姿势起步

2）手支撑部位尽量向腰部靠拢

3）背部保持水平做俯卧撑动作

4）此动作重复 30~40 次为一组

3–7/7 摘星星

1）马步动作起步

2）双脚与肩同宽

3）脚尖尽量向前，双眼目视前方

4）腰部笔直，一侧手向头上方抓取并渐落下，宛若摘星

5）此动作重复 50~60 次为一组

4　侧腹人鱼线不是梦

人鱼线又名人鱼纹，正式学名为“腹内外斜肌”，指的是男性腹部两侧接近骨盆上方的组成V形的两条线条，因其形似于鱼下部略收缩的形态，故称之为人鱼线。

达·芬奇在《绘画论》中首次提出“人鱼线”作为“美”与“性感”的指标。近年来人们对人鱼线越来越追捧。

人鱼线所在的位置正是很难训练到的侧腹肌区域，由于线条没有腹肌明显，又容易成为脂肪堆积的区域，很多人在训练的时候不但容易忽略，也不容易见到成效。

我示范的这组侧腹人鱼线采取组合式锻炼的方法可以全方位地练习多块腹部肌肉，达到最佳平衡。

建议在进行肌肉训练之前先进行无氧的肌肉训练，再开始30到45分钟的有氧训练，先让身体开始燃烧脂肪。

另外，运动完后也要适当补充蛋白质，提供肌肉生长所需要的养分。

动作要领如下：

4–1/6 侧卷腹

1）仰卧起坐姿势起步

2）把左侧脚放到右侧腿上

3）右侧手臂弯曲抱头，尽量够到左侧膝部

4）此动作 15 次为一组，然后换侧

4–2/6 卷腹直肌

1）仰卧起坐姿势起步

2）双手合十从双腿间插过

3）此动作重复 30~40 次为一组

4–3/6 左摇右摆

1）双腿盘绕，以臀部为支点

2）身体向后微倾 45 度

3）双手合十从左侧移至右侧，每次手碰到瑜伽垫为止

4）此动作重复 20~30 次为一组

4–4/6 空中卷腹

1）以仰卧起坐姿势起步

2）双手握拳，尽量碰到双脚外侧

3）双脚和头始终不碰瑜伽垫

4）此动作重复 20~30 次为一组

4–5/6 静态卷腹

1）双脚抬起，臀部支撑瑜伽垫

2）双手前伸，保持平衡

3）身体前倾 30~45 度

4）坚持 30~60 秒为一组

4–6/6 空中摇摆脚踏车

1）仰卧起坐姿势起步

2）双脚如蹬脚踏车，双手抱头

3）一侧肘部尽量去够对侧膝部

4）此动作坚持 60~80 次为一组

5 最流行平板支撑，变形练法

平板支撑（plank）是一种类似于俯卧撑的肌肉训练方法，在锻炼时主要呈俯卧姿势，可以有效地锻炼腹横肌，被公认为训练核心肌群的有效方法。让你瘦得更健康，远离下背疼痛。这个动作主要塑造腰部、腹部和臀部的线条，更重要的是，它可以帮助维持肩胛骨的平衡，让你的背部线条更迷人。

基础平板支撑锻炼方法为俯卧，双肘弯曲支撑在地面上，肩膀和肘关节垂直于地面，双脚踩地，身体离开地面，躯干伸直，头部、肩部、胯部和踝部保持直线拉伸状态，腹肌收紧，盆底肌收紧，脊椎延长，眼睛看向地面，保持均匀呼吸。

每组保持 60 秒，每次训练 4 组，组与组之间间歇不超过 20 秒。

动作要领如下：

5–1/10 平板支撑基础式

1）平板支撑姿势起步

2）身体尽量保持笔直

3）呼吸均匀

4）坚持 2~3 分钟为一组，多多益善

5–2/10 平板支撑变式 1

1）侧平板支撑姿势起步

2）身体保持笔直

3）胳膊与身体保持九十度

4）大臂与肩部一线

5）对侧胳膊尽量伸直

6）坚持 1~2 分钟

5–3/10 平板支撑变式 2

1）动作如平板支撑变式 1

2）只是一侧腿尽可能抬高

3）坚持 30~60 秒

5–4/10 平板支撑变式 3

1）俯卧撑姿势起步

2）同侧肘部碰同侧膝部

3）动作尽可能缓慢，保持身体平衡

4）重复此动作 20 次为一组

5–5/10 平板支撑变式 4

1）俯卧撑姿势起步

2）膝部抬起尽可能碰到对侧肘部

3）动作尽可能缓慢，保持身体平衡

4）重复此动作 20 次为一组

5–6/10 平板支撑变式 5

1）俯卧撑姿势起步

2）膝部抬起尽可能碰到对侧肘部

3）动作尽可能快，保持身体平衡

4）重复此动作 30 次为一组

5–7/10 平板支撑变式 6

1）俯卧撑姿势起步

2）双脚合并，分开

3）保持身体直线拉伸

4）此动作重复 30~40 次为一组

5–8/10 平板支撑变式 7

1）平板支撑姿势起步

2）移动臀部左右下倾摆动，裤子碰到瑜伽垫，身体不要碰到瑜伽垫

3）重复此动作 30~40 次为一组

5–9/10 平板支撑变式 8

1）平板支撑姿势起步

2）身体向上前倾

3）保持身体不要碰到垫子

4）重复此动作 30~40 次为一组

5–10/10 平板支撑变式 9

1）俯卧撑姿势起步

2）双腿弹跳至胸前

3）重复此动作 30-40 次为一组

6 久坐拉伸

上班族长期久坐，一天大部分时间都是对着电脑，除了造成肩颈酸痛外，肥胖也是一大问题。今天教大家几招普提拉动作，睡前做，不仅可以缓解一天的疲劳，还可以有效放松肌肉，帮助瘦身。让你在舒适的睡眠之中轻松减肥。

可在上床睡觉前做普提拉运动。不仅可以帮助舒缓紧绷不适，还可以拉伸肌肉，帮助减肥。适合各种年龄层次的人练习。

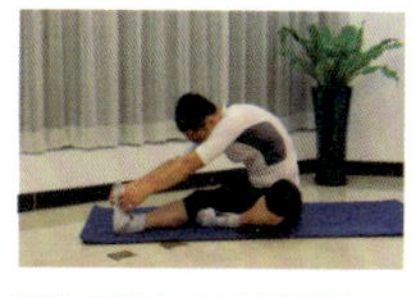

动作要领如下：

6–1/8 拉伸动作 1

1）一条腿伸直，另一条腿弯曲

2）脚部对准对侧腿膝盖

3）身体前倾，尽量抱住脚掌

4）此动作保持 15~20 秒

6–2/8 拉伸动作 2

1）左侧腿前伸向后屈起，平放在瑜伽垫上

2）右侧腿尽量后伸直

3）身体伏在左侧腿上，尽量向前伸

4）此动作坚持 15~20 秒

6–3/8 拉伸动作 3

1）跪坐在瑜伽垫上起式

2）双手逐渐向后移，身体逐渐向后倒

3）倾斜至身体不能再倾斜处

4）保持腰部笔直

5）此动作坚持 15~20 秒

6–4/8 拉伸动作 4

1）单腿跪起式

2）左侧手拉起左侧脚

3）将小腿拉至靠近臀部处

4）此动作坚持 15~20 秒

6–5/8 拉伸动作 5

1）小狗趴地姿势起步

2）腰部力量上下起伏

3）保持呼吸匀促

4）上下起伏 30~40 次为一组

6–6/8 拉伸动作 6（五体投地式）

1）双腿跪在瑜伽垫上起式

2）臀部向后坐至腿部

3）双手尽量向前伸，犹如五体投地的膜拜

4）坚持动作 15~20 秒为一组

6–7/8 拉伸动作 7

1）双腿叉开直立起式

2）一侧手够同侧脚的外侧

3）腿部保持笔直

4）此动作坚持 15~20 秒为一组

6–8/8 拉伸动作 8

1）双腿叉开直立起式

2）双手尽量碰到瑜伽垫

3）碰到不能再弯曲处停止

4）腿部保持笔直

5）此动作坚持 15~20 秒为一组

7 瘦腿提臀

坐着的时间越来越长，臀部的肌肉的力量慢慢衰弱。

基本上，大部分人都有盆骨前倾的倾向，那是由于驼着背，身体前屈，为了不往后倒，所以身体自动进行了调整的缘故，这样基本上就不会再用到臀部的肌肉。

通过锻炼，就好像往臀部加一个调控器那样，不再依赖于大腿和小腿肚的力量，能让腿越来越修长纤细了。

另外，如果臀部的位置变高，有让腿看起来更加修长的效果。臀部本来就是体积较大的部位，如何活动这个部位的肌肉，这跟整个体型都有很大的关系。

不仅是臀部的肌肉，这套动作还可以很好地锻炼臀部包着的身体深层肌肉、盆骨、股关节等周围的肌肉，帮你获得理想的体形。

动作要领如下：

7–1/5 侧踢腿

1）侧卧在瑜伽垫上，单侧肘部撑起身体

2）一侧腿尽量向上踢腿

3）回落时尽量碰到对侧脚时立即弹起

4）此动作重复 30 次为一组

7–2/5 空中环绕侧踢腿

1）侧卧在瑜伽垫上

2）一侧腿在空中画圆环绕

3）尽量不要碰到对侧腿

4）环绕 15~20 次为一组

7–3/5 空中脚踏车

1）臀部支撑全身

2）脚部腾空犹如踏单车

3）上身半倾保持稳定，腹部保持紧张

4）脚踏 50~100 次为一组

7–4/5 尥蹶子

1）以俯卧撑姿势起步

2）一腿跪在瑜伽垫上，另一侧腿尽量向后蹬起犹如尥蹶子

3）收回时略微碰到肘部

4）此动作重复 20~30 次为一组

7–5/5 后抬腿

1）以俯卧撑姿势起步

2）一腿跪在瑜伽垫上，另一侧腿尽量向后蹬起犹如尥蹶子

3）收回时保持身体水平处，继续后蹬

4）此动作重复 20~30 次为一组

8 塑形 TIPS

我们知道，瑜伽教练常会要求将意识集中在需要锻炼的部位，坚持每天做，锻炼的部位便没有了虚胖，都是结实的肌肉，这便是意念的神奇力量。

这样的方法作用于以上七组局部减肥塑身动作，效果也会更好。

美国著名心理学家大卫 R·霍金斯，在长达 30 年的科学研究基础上，出版的《意念力：激发你的潜在力量》一书中曾披露，强大的意念，可以治疗疾病，掌控并改变自身命运；英国营养和运动学专家珍妮特·汤姆森为此研究出了一套意念减肥法，每天晚上临睡前和早晨刚醒来的时候，各花一分钟去想象减肥成功后的模样和感受，能让你更有效地减肥。

另外，此方法还适用于习惯的养成。减肥之初，我分阶段设立了目标：每天定时检测自己的体重，每天提醒自己，少吃一点、多跑一点，就能达到目标体重。在强大意识推动下，饭量减少了，跑步从 5 公里增加到 10 多公里。这就是，意念决定执行力。

其他可以随时随地运动的方法

早上起床洗漱时

可以边刷牙边锻炼腿部肌肉：

1. 两腿张开，与肩齐宽，伸直腰杆，挺胸收腹；
2. 膝盖轻轻上下摇晃，以一秒两次的速度做六十秒；
3. 维持膝盖弯曲的姿势十秒；
4. 用力收腹，身体稍稍向前倾，屈膝，脚后跟尽量碰到臀部；
5. 以一秒一次的速度左右交替进行，注意不要弯腰。

上下班路上

能走路则走路，能不开车就不开车，尽量不要乘电梯而要走楼梯。乘地铁或公交时，可以锻炼臀部肌肉：

1. 利用上方的扶手作为支撑，把小腿肚、膝盖、大腿的内侧尽量紧贴；
2. 左右臀部的肌肉用力收紧；
3. 双脚脚尖着地脚跟抬起，维持十秒后放下。

办公室中

办公室中工作感到疲劳时，可以做些面部小运动，一来放松身心，二来也能帮助减小“大饼脸”：

1. 嘴巴尽量张大，用力地发出“u/i/su/ki”这几个音；
2. 发出“u”和“su”的时候嘴巴向前撅起，同时眼睛睁大，可以刺激到眼睛周围的肌肉；
3. 发“i”和“ki”的时候嘴巴尽量张开，眼睛眯起来；

4. 发“u/i/su/ki”这几个音一次五秒，做五次；
5. 第五次最后的“ki”音维持十秒；
6. 一边发出“a ~”的音，同时尽量把舌头往外伸，重复这个动作三十次；
7. 一边发出“i ~”的音，同时嘴巴尽量向两侧张开，尽量拉伸脖子的肌肉；
8. 力量集中在脖子上，重复做 10 次。

办公室中，做做呼吸操也是不错的选择：
1. 从鼻腔一次性吸入空气，以舒适为宜，屏住呼吸四次；
2. 分两次将气从口中呼出；
3. 如果从鼻腔分 4 次吸入空气，那么你可以屏住呼吸 16 次，分 8 次呼出；
4. 无论是吸还是呼都要尽量达到不能再吸、不能再呼的程度。建议至少每次练习十组，每天两次。

开会时

开会时，双腿是自由的，也可以进行练习：
1. 用双脚不停地抓地，然后旋转双脚以活动踝关节；
2. 吸气时稍稍用力收缩肛门，向上提起，呼气时自然放松；
3. 单腿或双腿伸直并保持 5 秒钟，放下时不触及地面，以此来锻炼腿部肌肉；
4. 开会间隙，还可以双手撑起身体，让屁股远离椅子，身体悬空，由此来锻炼腹部和手臂肌肉群。（如果你看《非你莫属》，注意细节，其实会看到我在台上也有这样的小动作）。

打电话时

打电话时，一只手拿住电话：

1. 另一只手随便拿一个东西，握住，上举，沿后脑下落；

2. 手臂伸向侧面，转动手臂做划圈运动，可以锻炼上身和臂力。

站立时

就算在站立跟人说话，也可以：

1. 把双手放在身后扣牢，尽量让肩胛肌肉最大限度靠近，锻炼肩颈；

2. 环境可以，来两个深蹲也是可行的。

临睡床上

在家里床上，我们可以进行屈腿但不固定的仰卧起坐来锻炼腹肌：

1. 仰卧，两腿并拢，两手上举，利用腹肌收缩，两臂向前摆动，迅速成坐姿，上体继续前屈，两手触脚面，低头；

2. 然后还原成坐姿，如此连续进行。

有实验发现，无固定双脚的仰卧起坐，对腹直肌上部，腹直肌下部和下腹肌群的训练效果都大大好于有固定的。原因就在于如果你固定双脚，强壮的腿部肌群就会帮你把自己拉起来。所以在固定的仰卧起坐中，股直肌的肌电水平明显高于不固定。

所以，要想练好腹肌，做对仰卧起坐，我们就应该选择屈腿不固定的正确方法，才能更好地实现效果。

强大的随时

为了攻克曾经故意养成且对我颇有助益的啤酒肚，我还养成了随时保持缩小腹、收腹挺胸的习惯，不仅能强健腹肌，腰腹也比较不易松弛，更能让人身姿挺拔，避免弯腰驼背。

3. 心法："九瘦真经"依循人性弱点达到自我良好相处

有些弱点，与生俱来，存在于每个人身上。包括虚荣、懒惰、禁不住诱惑（嘴馋）、贪婪、恐惧（怂）、自私、嫉妒、骄傲……它们越是在困难面前、越是在糟糕情况下，就越是暴露无遗，如同小妖怪一样，在你"重塑金身"的路上一一出现。在我一年 50 斤的瘦身历程中，一不小心就会跌落到这些小妖怪挖下的坑里。

从求学时到现在，我一直喜欢读一本书《人性的弱点》。

人性的弱点与生俱来，完美的人只存在在童话故事里，没有人能真正做到或见过。

人际关系大师作者戴尔·卡耐基对人性的弱点进行了深入研究，让那些隐藏的弱点得以曝光。他以各种弱点为突破口，深入到他人的内心世界，从而运用人性弱点达到了改善人际关系的目的。这个理论一经提出，令世人震撼，这便是让人们受益终生的人际关系学。

依循人性的弱点，深入到他人的世界，可以获得良好的人际关系。如果依循我们每个人自身的人性弱点，深入到自己的世界，与自己的关系会改变吗?

减肥瘦身过程中，我时常思考这个问题。

其实我从来不是一个耐性很强的人。知道自己的问题所在，我常针对问题，想尽办法让减肥和跑步变得有趣。打赌、找监督、参加团队性的活动，都是我解决一个人坚持不了的好办法。

回顾减肥瘦身的历程，我发现完全是顺应了自己人性上的弱点，而没有去正面对抗，从而获得了一个跟自我良好相处的世界，最终达成了减肥的目标。

有些弱点，与生俱来，存在于每个人身上。包括虚荣、懒惰、禁不住诱惑（嘴馋）、贪婪、恐惧（怂）、自私、嫉妒、骄傲……它们越是在困难面前、越是在糟糕情况下，就越是暴露无遗，如同小妖怪一样，在你“重塑金身”的路上一一出现。

在我一年 50 斤的瘦身历程中，一不小心就会跌落到这些小妖怪挖下的坑里。我使出吃奶的劲儿和全身解数，爬爬爬，经历了七七四十九天的禁肉，九九八十一天的禁坐，365 天“千刀万剐”的复胖蹂躏和自我毁灭式的跌落爬起之后，终于重塑了金身。

我把这些哄着自己更好地达成减肥瘦身目标的方法加以总结，称之为“九瘦真经”，希望一招一式的修炼中，帮助你重塑金身。

九瘦真经

自知式：人贵有自知之明，胖贵在百战燃脂

人贵有自知之明，胖贵在百战燃脂。这可谓我的健身自知式。所谓百战，是指在减肥瘦身的路上，必然会经历各种各样的“战斗”。有时是与满身肥肉死磕，有时是与满桌美食作对，迫不得已，还不得不牺牲“美名”，让最好的朋友“挤兑”。

自省式：每日秤上称三称，三省吾身瘦得轻

每日秤上称三称，三省吾身瘦得轻。这一招便是我的自省式。减肥过程中，每天餐前运动后都要上秤，告诉自己又瘦了一点，想象减肥成功后的模样和感受，心里暗示能让人更有效地减肥。

自嘲式：不被嘲笑的梦想，不配称之为梦想

不被嘲笑的梦想，不配称之为梦想。这招自嘲式是减肥的最根本的出发点，正是减肥成功的可能性不大，才称为梦想。但人生有梦想才美丽，减肥被嘲笑才真实，关键是要有能力去拆分梦想目标，最终实现梦想。

自励式：衣带渐宽终不悔，为衣瘦得人憔悴

本招式是减肥中一直相伴相随的自勉模式升级版，我认为减肥者必须要激励自身，当然也要有个参照物，衣服就是最好的选择之一，一件常穿的衣服逐渐变宽变肥却不后悔，瘦下来能够穿上好看的衣服才是终极目标。

自拍式：不以拍照为目的，跑步上哪找动力

我觉得跑步不晒照片，那和不跑有什么区别？这分分钟让人联想到当年星巴克的那个段子：去星巴克不自拍，跟没去又有什么两样。其实跑步是减肥最为重要的方法之一，但跑步却也不是人人都能坚持下来的，如果自己晒图获得了网友的点赞，多少自己的小宇宙会小小的爆棚一下，会让自己更有毅力跑下去。或者看着自己成绩一天比一天进步，多少会给心理更多正面的暗示。

自恋式：自己宇宙无敌帅，帅得不像实力派

有颜值的人才晒脸，有腹肌的人才晒腰，这跟有钞票的人晒包包一个道理……对自己的认可、鼓励，能够让自己更加自信，有勇气同每一块多余的脂肪做斗争。必须承认，虚荣是人类进步的阶梯啊。

自控式：抽刀断水胖子油，借吃消愁愁更愁

抽刀断水胖子油，借吃消愁愁更愁。这是我的自控式箴言。减肥最忌讳无计划地大吃大喝以及无计划地绝食对抗。抽刀断水治标不治本，减肥反弹更需要自控，绝不能破罐子破摔，用新一轮的胡吃海喝，控制身体获得健康饮食才能减肥成功。

自燃式：燃烧自己的脂肪，闪瞎别人的双眼

一般情况下，独自一个人斗脂容易没耐性，减肥的口号都嚎叫了 N 年，但身上的肥膘依然不离不弃。把越减越瘦的身材及跑步成绩公布在朋友圈，不仅仅是让大家都能发现自己真的在努力，其实也是希望大家多多监督，早日完成减肉大计，避免半途而废。

自嗨式：人生跌宕起伏路，我嗨我帅故我在

成功之路跌宕起伏，减肥是很多人做的事情，但往往反弹无数遍，成功的没几个，我用帅气十足新颖万分的减肥绝技，追求更多精神上的满足才达到减肥的目的，何乐而不为？刷存在感谁不会，我也来凑一个。

4. 远离江湖减肥派的各种忽悠

好的减肥方法，总体上也都是围绕“饮食”与“运动”两大点来展开，即所谓的“管住嘴，迈开腿”。但我认为真正正确的减肥方法，还要加上强大的心理调节方法，这点被我实践验证有效且关键。所以，找到方法后，一定还要去实践去调试，才能成为自己的最好方法。

减肥瘦身，掌握正确的方法很关键。

减肥瘦身就像一个江湖，江湖上流传着各种门派和方法，但多为夸大和忽悠，且层出不穷。

分析总结这些减肥瘦身的门派和方法，抛开现象看本质，通常分为三种情况：纯节食，减少卡路里的摄取；纯健身，加大卡路里消耗；一边减少高热量饮食，一边加大运动量。

节食减肥的情况比较普遍。相信大多数减过肥的人都听说过“极端饥饿法”。所谓“极端饥饿法”，顾名思义就是不吃东西，每天只靠喝水，可能在短时间内会让你的体重产生小幅度的骤降。

我曾亲身试验“极端饥饿法”，坚持三天不吃任何食物，躺在床上什么都不做。三天后，体重下降了 6 斤。看起来似乎暂时有效果了，可惜我开始回归正常饮食及生活作息后，体重迅速反弹，居然比节食前还重了 5 斤。

原因在于，不吃饭就会导致身体呈现极度需求摄取的状态，一旦进食，能量吸收会加倍。

其实，这些减掉的体重并不是脂肪，而是你体内的水分及能量，不仅不会让你的体型产生任何变化，还会使你产生电解质紊乱问题，长期如此，将会导致身体严重缺乏每天所需的能量供给，从而引发一些相关的病症，得不偿失。所以，一旦停止了这种“极端饥饿法”，体重会迅速地报复性反弹，反弹程度甚至超过原来的状态，也就是我们俗称的越减越胖。

另外，市面上各种以控制饮食的减肥产品、减肥药层出不穷，大多是以控制中枢神经的方式，控制人的食欲，其危害大家心知肚明。所以不要靠节食减肥，更不要依赖各种不靠谱的减肥药控制食欲，这样反而会弄巧成拙。

一般而言，检验减肥方法是否科学，要考虑两点。首先，要有科学的依据作为理论支撑。任何打着“减肥瘦身”旗号，实质上却违背人体正常生理规律的“偏方”，一概都不要考虑。其次，这个方法一定要有过成功的案例。只有通过实践得出的结论才能最终被称之为真理。

什么是科学的减肥瘦身方法?

生活中存在一种让人羡慕嫉妒恨的人，可以肆无忌惮地吃，身材还能保持得很好。为什么呢?其实这是因为这种人新陈代谢快，能够加快对摄取热量的消耗。

而健身可以说是减肥瘦身提高新陈代谢的最佳方法。

它能够真正消耗脂肪，使人体的新陈代谢提高，基础消耗量增大，从根本解决肥胖问题。也就说，通过运动健身的方式去减肥，改变身体的新陈代谢，才能达到事半功倍的效果。

可见，好的减肥方法，总体上都是围绕“饮食”与“运动”两大点来展开的。但我认为真正正确的减肥方法，还要加上强大的心理调节方法。

一是，基于我的心理学背景知识，我认为减肥一定要善用情商管理，心理暗示常是促进减肥成功的催化剂。二是，从我个人减肥瘦身的经历来看，心理调节方法即减肥心法，才是让我最终减肥成功的关键。

在我看来，花大价钱去减肥机构瘦身的人，大多都在毅力与自控能力方面有一定的缺失。不是抵挡不了美食的诱惑，就是不能做到持之以恒，

加之心理素质不过关，才让他们想要通过一些捷径去达到立竿见影的瘦身效果。

他们常常把希望全部寄托在一些药物及辅助工具上，尚且不论是否会因此产生一些副作用，即便是如其所愿成功见效，这类人还是普遍存在高反弹率及复胖现象。不良饮食与生活习惯，以及情商管理能力低下，会让其之前所有的成果在很短的时间内付之东流，最终落得一个既没治标、也没治本的悲惨下场。

所以，减肥的身法重要，心法也同样重要。形神合一，才能练就成功的真正减肥秘笈。

值得提醒的是，即使掌握了正确的方法，也还需要根据自身的特点在减肥瘦身过程中不断调整优化。

很多人在减肥的过程中，习惯于直接把他人身上一些成功的经历照搬来用。但每个人的身体体质与身体机能均不尽相同，所以方法不可照搬复制，仅限把一些科学的方法拿来借鉴。只有通过自身实践一点点优化，才能达到最为适用的效果。

5. 那些似曾相识的“坑”

创业和跑步，坑相似，其实成功的诀窍也相似。正如我经常和年轻创业者们谈到的那样：“情怀落地，始于勇气。心（毅力、信念、精神、思维等）之所动，世界才能被你掌控。”这种创业体悟，只有跑过步的人才懂。

这本书，不仅仅是一个从 185 斤到 135 斤的励志减肥故事，更是我跌落减肥中种种“坑”，凭借死磕到底精神最终管理好自身弱点、让意志力和信心得到极大训练和提升的历程。

我努力回想自己在减肥过程中遇到的每一个“坑”，其实罪魁祸首是我自己：不是我急功近利，就是我盲目自信，再不然就是诱惑难拒，以至前功尽弃。

而这些“坑”，总似曾相识。原来它们在我多年创业过程中，早就出现过，它们同创业过程中常常走入的误区和犯下的错误如此相似。

这就是我常常对大学生说的，创业和瘦身没有什么不同，尤其是在“坑”面前。无论是减肥也好，创业也罢，细心观察你便会发现，坑相似，其实成功的诀窍也相似。因此，我总爱写“坑”的故事，要知道当你知道坑在哪，你跌落和爬起的信心与毅力准备就会更充足一些，离成功就更近一步。

拿瘦身方式跑步跟创业一起总结，有四大“坑”。

“坑”之一：出发前信心满满。

很多时候，当我们决定出发，总能信心满满。我们穿着崭新的跑鞋、色彩斑斓酷炫的运动装备，仿佛从此就能轻松跨越世界，彻底改变胖子的人生。根本没有意识到还会有一系列的腰酸腿疼。

创业也是同理。大多数选择创业的人之所以选择创业，无非就是听了太多创业成功的神话，于是弄了一个酷炫的商业计划书，跟志趣相投的人聊，越聊越觉得自己无限期的逼近憧憬的目标和结果，进入了一个自嗨的节奏。甚至把一个商业计划聊完，就自我感觉财富挣到，仿佛自己不久就能过起亿万富豪的生活。根本没有意识到，之后还会有一系列艰苦的奋斗过程，以及 90% 多的创业死亡率。

“坑”之二：选择了出发，死在了开头。

中国有句老话叫“万事开头难”。很多人之所以没能将跑步这项运动坚持下去，就是因为输在了开始的 1~3 公里上。在最初的 1~3 公里，你会面临各种腰酸腿痛甚至岔气等一系列的不适反应，很多人顺势而下就选择了放弃。要知道任何实质性的改变，初期一定会经历一个痛苦的过程。那些成功坚持下来的人，就会越跑越顺，逐渐爱上这项运动。

而创业开始的时候，也会有个时期如同跑步的 1~3 公里。这个时期，由于你可能会处于一个精神异常亢奋的状态，头脑里被各种 IDEA 所充斥，所以一谈起创业大业，便激昂难耐，可是真正一到实操，瞬间就被接踵而至的各类困难险阻所击垮。

为什么创业的路上有那么多折戟沉沙的惨痛案例，那是因为多半是输在了最开始的这 1~3 公里。

“坑”之三：认为体力是支撑目标与结果的根本。

很多人觉得，动辄几十公里的马拉松拼的是体力，事实上体力因素只是一小方面，支撑到终点还要靠信念和毅力。

很多人会有一个错误的概念，认为我们在跑步过程中之所以坚持不下去，是因为双腿太累，属于身体机能方面的原因。其实从医学上来讲，这都是错误的概念。我们人体的双腿在健康的状况下至少可以完成 5 公里的路程，我们之所以会感到累，觉得坚持不下去，其实是自己给自己做了限制，由于信念和毅力不足，情绪和心理上自己给自己设的限。

创业过程中，没有坚定的毅力和信念，恐怕连上升期都坚持不到，更别提后续的融资和上市了。所以我们讲，体力不是支撑目标与结果的根本动力，信念和毅力才是。

“坑”之四：没有采取科学的方法并循序渐进。

很多人喜欢上跑步的人，喜欢一上来就挑战马拉松，正如同创业者脑子里开始都梦想着一夜暴富成为亿万富翁一样。

我虽不反对把目标设得高，但前提是你是否在朝着目标的既定方向一点一点积累、付诸努力。好比在你决定挑战马拉松之前，你能否先能完成一个 5 公里、10 公里、15 公里的中长跑？在你憧憬着成为亿万富翁之前是否能先赚到第一个 5 万、10 万、100 万元。

如今，很多创业者，在创业初期总是在大谈战略，表面上看很高大上，其实刨根问底连最基础的销售都不会。为什么世界 500 强 70% 的 CEO 都是从销售做起？就因为销售在任何一家公司里都占据一个核心地位。一段时间过后，很多创业者都死在了创业的道路上，就是因为不务实。

我做 PVGO，一开始只要求接地气、务实。比如目前正在做的微立体创业大赛，就是紧贴一线市场，用绝对的实操来锻炼、培训营销能力。因为只有把产品卖出去了，才能最终在创业的征程上迈出去，才能最终赢得人生这个万里长征。

创业和跑步，“坑”相似，其实成功的诀窍也相似。

无论瘦身跑步还是创业，成功都与自身的勇气、信念、信心、态度密不可分，其做人做事所遵循的逻辑、理论有着相融相通之处。

我之所以在本书中花了大量笔墨总结我在减肥和创业过程中的一些所感所想，正是想让所有朋友意识到精神层面的支撑对于成就事业的重要性。掌握一种方法、技能很容易，但是想要领会一种精神、构建一个逻辑、培养一种思维方式却异常困难。

正如我经常和年轻创业者们谈到的那样：“情怀落地，始于勇气。心（毅力、信念、精神、思维等）之所动，世界才能被你掌控。”
这种创业体悟，只有坚持过跑步的人，才懂。

Part 5 任 性 记

别让一身膘 阻挡任性飙

1. 任性哥和土豪首先隔着一身肥肉

拥有一个更自信的形象，往往能为你在很多事情上节省大量的时间及沟通成本。

接下来是“谈钱不伤感情”。

“请刘佳勇和 ××× 站出来，给出你们的薪酬。”

张绍刚老师话音刚落，我对一个海外学子就直接给出了 12000 元的薪酬，场上其他 BOSS 嘘声一片：“这也太高了吧？”而我内心坚定而平静。

这是两年前，我刚开始参加《非你莫属》节目录制时常有的情景。加上一身肥肉，人们在提到“刘佳勇”这个名字时，多数会贴上“土豪”、“暴发户”等标签。但是，了解我的人都知道，其实我是一个很“草根”的人。

《非你莫属》初期，我之所以会主动站出来，替广大海外的留学生群体

发表心声，甚至在工作及待遇方面开出一些远高于市场平均水平的价格，是因为我自己在海外求学多年，深知留学生活所面临的种种艰辛；而且我能从他们身上挖掘出一些潜在的闪光点，而这些点往往没有类似经历的人很难捕捉到。

但不管是现场嘉宾还是观众，当时都让我强烈地感受到，他们并不能真正从我的本心出发解读我的发声，更多的认为是一个“土豪”会有的财大气粗和不理性。

成功瘦身后，人们竟渐渐淡忘了我当初的“土肥圆”，我的荧屏形象一下子由一个“土胖子”成功进化为“任性哥”。

此时，我开始反思一个问题：同一个人，在“财大气粗爱嘚瑟的土肥圆”和“表达本心的任性哥”之间，到底隔着什么，差了什么？仅仅是所谓出身、学识和金钱实力吗？不！其实首先就是隔着一身肥肉，差了一个健美的身体。

从我开始任性地减肥到现在，我不再简单地把减肥瘦身看作肉体维度的增减，在我看来，它不是一件事，而是一项事业。不仅要求你懂得经营，更要求你善于经营。

我常跟年轻人阐明一点，真正的职场考验的一定是你的能力，但相貌也很重要，没有错。我的逻辑是，拥有一个更健康的外表或者说一个更自信的形象，往往能为你在很多事情上节省大量的时间及沟通成本。

很多通俗的道理我相信每个人都懂，但为什么还有那么多的人最终放弃了对形象的要求而减肥失败呢？

首先一点，人们常停留在想和说上，不是真正的重视。

经常会有很多的人整天把“我要减肥”四个字挂在嘴边，但实际为此付出的努力却少之又少。我管这种做法叫做自我安慰。这和催眠的道理其实都是一样的，这类人总是活在自己幻想的世界里，一点都不落地，仿佛随便动动嘴皮子身上就能瞬间减掉几斤赘肉。这种行为在我看来是极不可取的，因为你说过的空话越多，你的思想就越容易陷入自我麻痹，最终导致你离成功渐行渐远。

其实这个道理对于创业也是通用的，当你下定决心想要把一件事做好的时候，就不该给自己找太多的借口和退路，因为它们会助长你的惰性，一旦形成一种常态，尤其是对于那些刚刚起步的创业者来说，没有钱、没有渠道、没有资源，完全是在靠自己的满腔热情来支撑一个梦想，如果再不能脚踏实地，而是沉浸在臆想的世界里，那么带来的结果往往是毁灭性的。

其次，很多人减肥失败其实还由于缺少了一种任性的态度，缺少了一种在尚未达到目标前绝不放弃的态度。

任性需要你具备强大的自控能力作为支撑，因为但凡那些真正成功的人，一定是对自己有很强的自控能力，体重自然也是其中一方面，好比像马云、王健林、雷军，这种真正的商界顶级“大咖”，一定都非常注重自己的公众形象，绝不会说哪天突然以一个超级大胖子的形象出现在人们的视线里。

另外，还需要让这种状态成为生命的一部分。一旦尝到成功的甜头，就会增加自信，而越自信成功的概率也会越高。

我从一个“胖子”突围到现在的“型男”，足足花了两年的时间，其实真正瘦到现在的程度只用了一年的时间，而另一年的时间则是一直在坚持运动，并将其变成我生命的一部分。自豪地讲，瘦身带给我的成就感，除了从原来一个肥圆的肚子摸到了现在隐约的八块腹肌，还有自信。

在我瘦身成功之后，有一次，一个朋友跟我说：“勇哥，我发现你减肥前后差距真是太大了！”我当时心里暗自得意：被哥帅得亮瞎眼了吧！

可我这个朋友，接下来说的话一度让我感慨万千，他说：“我最近回顾了一下《非你莫属》2013 年和 2015 年的几期节目，发现一个有趣的现象：2013 年的你，成熟稳重，低调内敛，很少发言，似乎故意在躲着镜头；而 2015 年的你，虽然老了两岁，却更加意气风发，在镜头前永远是最活跃的，收获的选手也是最多的。我回想了一下你这几年的变化，似乎最大的不同就在于，你更自信了！”

此时我才意识到，瘦身于我而言，其实与普通的胖子并无不同，瘦身带给我的，就是自信!

其实，自信如何而来，并不是瘦了就自信了，而是在瘦身的过程中舍得挫败。回忆起这两年的时光，我也经常会莫名间产生一种挫败及失落感，追溯其来源也许是因为改变的程度未能达到自己的预期，或是旁人对你的轻视及冷嘲热讽。所以我一直都说，减肥就是一个情商管理和不断挑战自己的过程。

换个角度来看，舍得挫败，方得信心。

觉得自己做得到或做不到，往往只在一念之间，有时并不是我们自身足够强大，而是想要为自己的付出去换回一份证明，证明它有存在的价值，仅此而已。

2.“任性，才能有钱”

千万不要背着别人的梦想过自己的人生。你的人生你做主，过就要过自己的人生。这才是任性。也只有听从内心的声音，依照自己的天赋秉性，坚持到底，才能过上有有钱任性的生活。

我很喜欢“任性”这个词。

至少在我的逻辑里“任性”二字要比“土豪”更贴合东北人那种粗犷彪悍、放纵不羁、敢想敢做的性格，也更能彰显出我的个性和气质。

“任性”在我看来代表的是一种态度，而“土豪”，如果你把它拆解开来，一定是先要很土，才能到豪。

2014 年，“有钱就是任性”一词走红网络。百度知道上回答，宁波打工的 41 岁江西人老刘，在明知被骗的情况下仍坚持向骗子汇出 54 万元巨款，就是要看看那人究竟能骗他多少钱，骗到 50 多万时，骗子被逮住了。这事儿被报道后，被网友精辟总结为“有钱任性”。

“任性”一词一时间火得一塌糊涂，口头调侃、朋友圈互动、新闻事件品评等，它都成了高频词。更是衍生出了“长得帅就是任性”、“成绩好就是任性”、“年轻就是任性”、“有订单就是任性”等一系列“任性体”。

到底什么是任性？百科词条解释如下：任性，指听凭秉性行事，率真不做作。任性一词出自《后汉书·马融传》：“善鼓琴，好吹笛，达生任性，不拘儒者之节。”2009 年出版的第六版《辞海》中解释为“纵任性请，不加约束”，有贬之意。

在网络世界中，叙述完一件不经意的事件后，把它置于句末，就有了搞笑讽刺之效果。它短小、上口、好玩、减压，因此以极快的速度流行开来。

不知何时，粉丝们也将任性用在了我身上，成为我的标签。对此，我欣然接受。更将大学生创业职业能力养成平台 PVGO 的精神主题、PVGO 百场校园行时的宣传口号定调为：任性时代，非你莫属。

在我看来，任性绝对不是胡来，绝对不是今天一个想法，明天一个想法，后天又一个新想法。观察各种“任性体”，你会发现铁打的“任性”，流水的“主语”，在这样的传播话语中，只要有优势，便可称“任性”。在自嘲或炫耀的背后，在我看来可能更是一种创造，而这种创造里蕴含了积极进取的精神。真正的任性，是听从自己内心的声音，选择一种自己想要的生活，克服一切困难执着追求、坚持到底，并最终形成自己的优势，成就自己，这才叫任性。

纵观我人生至此的道路，从大学毕业，一路上的所有选择与坚持可以说都是任性而为。从哈尔滨医科大学毕业就业时，因为不喜欢做医生而选择出国；到德国后，发现自己不喜欢做科研而走上了创业之路；创业又从德国杀向西班牙，从心理学到光伏分销，从海外房产分销再到大学生创业职业能力养成平台 PVGO。貌似这一路的打拼，哪儿都不挨着哪儿，但我很清楚，这一路走来，我无时无刻不在听从自己内心的声音，跟随自己的禀赋，并把事情做到极致，最终成就了按照自己的意愿生活。

从这个角度说，其实并不是因为有钱才能任性，而是因为任性了，才能有钱。

首先，找到自己内心所想所要的。

不要羡慕别人多有钱，不要羡慕别人多幸福，也不要羡慕他人的房子多好、职业多好，要想想这一切是否是你想要的？！如果是，选择任性地出发。如果不是，早一点找到自己内心想要的东西，千万不要背着别人的梦想过自己的人生。

你的人生你做主，过就要过自己的人生。这才是任性。

另外，选择了出发，就别问前程。

在创业中，其实我每一个决策，都是在不知道未来前程的情况下就出发了。我不想在脑海中臆想出我要的结果，我宁愿在无法把握命运、不知道能否赚钱的情况下，开始一路狂奔，我喜欢用经历照亮前程。一如我常说的那句话——“前进不必遗憾，若是美好，叫做精彩；若是糟糕，叫做经历。”

最后，一定要坚持到底。

在前进的路上，必然会有跌倒、质疑和彷徨。此时，一定要坚持到底，一次又一次向着未知出发，不管路上遭遇什么。我想，没有坚持到最后的梦想，并不能称之为任性吧。

一路走来，一定要时时刻刻听从自己内心的声音，跟随自己的禀赋，并把事情做到极致，最终按照自己的意愿生活。

请记住这个逻辑：不是“有钱，任性”，而是“任性，才能有钱”！

3. “敢干”是任性人生的端正态度

很多人对待梦想与目标，往往还是停留在“想”的层面上，我想瘦身，我想去创业，却根本没有为此付诸任何行动。其实这种人还是缺乏改变现状的勇气。

数据显示，真正减肥或创业的人群中，只有5%能够胜出。

但网上总结减肥或创业成功的鸡汤贴，总是令人着迷，看着就让人激动。也许是每个人都想成为任性的追随者，这才符合人天生追求自由的本性吧。

俗话说“万事开头难”，如果你看到了从0到1到底有多艰难，你还有出发的勇气吗？勇气总是感性，那么我们回归理性看看支撑勇气的是什么。想成为5%固然是一件激动人心的好事，但就此开始出发，什么才是你第一步该做的呢？

从最一开始就分清楚“干”和“想”，这才是开启一件事情的靠谱态度。想瘦还是要瘦，其实需要分辨。

减肥不是一朝一夕的事情，不是心血来潮的突发奇想，而是需要你抽调出大量的时间、精力去与之匹配，需要有强大的自控能力来支撑，需要有足够的意志力去坚持。即使兼具了以上几点，还可能会因为方法不当而未见成效或者暴力反弹。当你决定减肥时，如果你想到如上几点，并着手匹配相关的资源，那你就是要瘦。而当你只是信心满满，被激情和鸡血冲昏了头脑，只坚持了一天，就以各种理由放弃了，那你只是想瘦。

如果没有结果导向，没有从想法到结果的实现路径，言语终究是徒劳的，与任何人谈论，哪怕彻夜不眠谈上三天三夜，你的目标还是停留在原地，不来不去，毫无意义。想再多也只是想，最终只能在时间的流逝中变成一个笑话。

刚开始决定减肥的我，每天大部分时间都被忙碌的工作所充满，经常还要应酬生意伙伴、亲朋挚友的各种酒桌饭局，情非得已。但我这个人从小骨子里就有一种韧性，无论是什么事，一旦我下定了决心，就绝不会犹豫，坚定地朝着自己的目标走下去。今天跑 2.5 公里，明天跑 2.7 公里，循序渐进，用实践去代替感知，无关质疑、无关臆测、无关空谈、无关妄想。最终拿出成果来让他人信服，让自己增强信心，而只是为了逞一时的口舌之快，让别人对你刮目相待，都显得特别苍白无力。

同样，“干”和“想”在创业中也需要仔细区分。

随着双创之风（即“大众创业，万众创新”）吹遍大江南北，越来越多的人投身创业这条“荆棘路”。真不是我刻意去泼冷水，但这的确就是事实，创业成功的人少之又少，失败的案例却不胜枚举。

为什么称其为“荆棘路”？

在 PVGO 的百场校园行期间，曾有一位学生拿着商业计划书找到我，跟我说他要创业。要我投资，我说投多少？他想了想，说一个亿，还是美金。

我问他什么项目，他说他有一个很好的“IDEA”，要做 O2O、社群、智能交互、大数据。反正就相当于移动互联网时代几大风口的一个组合。我听得有点懵，这不就是 BAT 布局了很多年的生态系统吗？

紧接着我又问了他目前项目的进度，收到的答案是：零。

手头整合了哪些资源？零。

懂不懂相关技术？零。

我试图劝他，对方却如数家珍，信誓旦旦地跟我保证项目至少值几十个亿美金。这点我倒是相信。别说几十个亿了，随便一个 O2O 的市场，每年都是万亿美元不止的规模。瞬间让我联想起了前一段火得不得了的一本讲互联网的书《从 0 到 1》，面对茫茫红海，想要从 0 杀出重围，何止是不现实，简直比登天还难。这才是我说的“荆棘路”。

也许你不相信，类似的创业者，我真没少遇到过。

我向来认为一个合格的创业者首先一定要做到自知，不光是了解你自己，还要了解你的团队，了解你要做的事，了解你所处的行业等等。总之，想尽一切办法来实现想法、看到结果，树立这样的态度才是创业的真正态度。成了，可以获得更高的平台、视野以及资源；败了，知道自己的不足在哪里，知道自己的“坑”在哪里，为下次出发汲取经验教训，积蓄力量。

很多人对待梦想与目标，其实往往还是停留在“想”的层面上，我想瘦身，我想去创业，却根本没有为此付诸任何行动，这样的人，在失败者的案例中，比比皆是。

这种人还是缺乏改变现状的勇气。或许在他们看来自己目前的状态还算说得过去，并不急于或是说尚不具备这个魄力去改变已经成为常态的生活习惯。比如说，当我看到自己 185 斤的体重时，我可能会为之焦虑甚至寝食难安，可放到另外一个人身上，没准就会觉得 185 斤也还好啊。所以，不同的心态便直接导致了你是否拥有想要改变现状的勇气。

千里之行，始于足下。迈出第一步，才有机会改变现状。

改变现状也不只是嘴上说说，一旦开始之后，还要有勇气面对意料之中和意料之外的各种困难和不适，艰难困苦玉汝于成，唯此最终赢得人生的万里长征。

4. 习惯是支撑任性人生的理性基石

一个好习惯的养成，靠的不是头脑一时的发热，而是不忘初心般的坚持，是在日复一日的练习中循序渐进，并根据自己的情况调整到有效且适合自己的方式，直至达到一种稳定的节奏，并成为生活中不可分割的一部分。

我身上有很多小的习惯，都坚持了十年以上。它们成就了我今天的良好状态。

我喜欢写作，想要成为一名作家，于是，只要脑子里有点好的想法，我就会用文字把它记录、表达出来，每天都在积累，为的是不与那些珍贵的灵感擦肩而过。

我有医学背景，在饮食习惯上，我也一直坚持一些比较“科学”的习惯。比如当就餐中有红肉的时候，就会多少喝一点点红酒，因为我知道这样不仅不会长脂肪，还有利于蛋白质的吸收，而且也保持了减肥瘦身的成果。

减肥期间，我知道自己一坐下肚子上就会出现“游泳圈”，于是办公环境下只要不伏案写东西，我就尽量不坐。甚至把我在西班牙公司办公室里的椅子都撤掉了，专门做了一个高的柜子，用来放电脑，每天需要办公了，就站着操作电脑。其实站这个动作看似简单，不过持续时间长了会消耗大量卡路里，尤其对特别胖的人来说，保持站立绝对是一个快速瘦身非常有效的途径和习惯。

在减肥瘦身过程中，我也是逐渐从被迫运动，发展到现在的主动运动，并开始享受运动的乐趣。这中间离不开习惯的形成和成就。

经常健身的人都知道，当你的身体通过坚持运动到达一个基础代谢比较快、生活饮食比较规律的良好稳定状态后，此时，其实不运动自己都难受。这就是习惯的力量。

那如何获得一个良好的习惯呢？

有一些习惯养成的方法，如 21 天习惯养成法。但我个人更觉得一个好习惯的养成，靠的不是头脑一时的发热，而是不忘初心般的坚持，是在日复一日的练习中循序渐进，并根据自己的情况调整到有效且适合自己的方式，直至达到一种稳定的节奏，并成为你生活中不可分割的一部分。

请你记住，习惯的养成一定是一个循序渐进的过程，切忌急于求成，一味地去追求快，这样结果往往都是欲速则不达。

比如在减肥瘦身过程中，今天你挑战 5 组深蹲，一组 50 次，那么明天你只能尝试挑战 6 组，而不是 15 组；你今天跑步 2.5 公里，那么明天你只能在 2.5 公里的基础上再多跑半公里。总之，正视自己，逐渐积聚力量，从量变到质变，习惯自然形成。千万不要看别人挑战了一个让人惊叹的数量，就硬要逼着自己也去征服。我用韧带受伤、卧床半个月的惨痛代价告诉你，欲速则不达。不然会伤得很惨，要么不能达成目标灰心失望，自信心受到打击，要么超过了自己的极限，身体受到伤害。

当然，习惯针对每个人不同，好坏评价也因人而异。

我们要做的只不过是在人生各自的范围和阶段里，选择那些对自己有益的习惯，并把它坚持下去。挑出那些不利于自己当前状态的习惯，把它摒弃掉。

在刚开始减肥的那一年，我甚至不惜把手头上所有的生意全部停掉，不做生意。有很多人不理解，甚至说我是不是疯了，然而这就是我的一个思维逻辑，我很清楚我自己要的是什么，我很清楚在这个决定背后我能获得些什么，又会失去些什么。我获得了良好的运动习惯，摒弃了商业应酬胡吃海塞的恶习。

有舍有得是人生的一个常态，没有人在各个方面都是大赢家，只要你权衡好利弊就足矣。

由于我停掉了手头的生意，所以在那一年，谁找我吃饭我都可以不去，所有应酬我都可以堂而皇之的就把它推掉。这些决定背后的结果是我瘦了，虽然我确实为此而损失了许多赚钱的机会，但是，有什么财富能比受益终生的运动习惯和健康还值钱呢?

其实，无论你是否需要减肥，无论你处于人生的哪个阶段，运动都是一个好的习惯，如果能把运动这个习惯坚持下去，它会让你长期保持一个年轻的身体和一颗年轻的心。

时间用在哪里，结果就出在哪里。

养成自己的习惯，成为坚不可摧的任性基石。

5. 三大法则是任性到底的保证

想要最终成功，一是要确保你所采取的方法正确得当；二是要有敢于挑战沿途上的坎坷与沟渠的勇气；三是要有跌倒再爬起来的劲头，有让自己坚持下去的信念、决心和毅力。

对于有些人来说，事事都难以成功；但对另外一些人，事事都会成功。

大家最终都归结为运气。但为什么成功的人运气那么好呢？

其实成功的人运气好，是有一个支撑它抓住运气的状态的，而这个状态才是你和成功之间隔着的千山万水。这种状态的养成，绝不只是简简单单的领会精神，而是要通过大量的亲身实践，去磨练去积淀，边摸索边前行。不断推翻昨天的自己成就辉煌的未来。

要知道，世间所有通往成功的路，从来没有一条会是平坦的，它一定是壁立千仞、层峦叠嶂的，相反那些最美的景色往往也都诞生于此。正如王安石在其文中所言：“世之奇伟、瑰怪，非常之观，常在于险远，而人之所罕至焉，故非有志者不能至也。”这也完美地诠释了为什么成功的人永远都只占少数。

要想任性地按自己的意愿生活、成功，需要敢干的任性态度，需要支撑敢干的行动成为习惯，而且还需要一种正向的状态的积累。

这种状态到底是什么状态呢？它包含三大法则。

瘦身也好，创业也罢，想要最终成功，一是你要确保你所采取的方法正确得当；二是你要有敢于挑战沿途上的坎坷与沟渠的勇气；三是你要有跌倒能再爬起来的劲头，有让自己坚持下去的信念、决心和毅力。这三点全部具备了，才会使你处于一个良好的正向积累的状态。

再谈成功，不过是一个时间上的问题。

先来说说方法。

世间公认的减肥黄金定律就是“管住嘴，迈开腿”。前面说到过，我如何采取了正确的方法，高效运动，对许多胖子来说，其实最难的也许并不是“迈开腿”，而是如何“管住嘴”。

拿控制饮食来说事儿，正确的方法绝不是反人性。

比如，饿而不让吃，困而不让睡。那么既然饿了就得吃，那就干脆想办法让自己不饿呗！以前我是无肉不欢的人，而且最开心的还是红烧肉，五花三层的肉，吃起来才有味道。以前一顿饭里没有肉就像没吃饭一样。可是，要减肥就一定要控制饮食，该如何控制呢？

我没有选择一下子把肉戒掉，而是循序渐进，先用比较健康且热量没那么高的牛肉和鱼肉代替猪肉，渐渐地，习惯了不吃猪肉，戒掉也就没那么难了。

再就是晚餐，众所周知，不吃晚饭瘦得快。可是正常人，经历了一天紧张忙碌的工作，完全不吃晚饭，那是真饿啊！所以一开始，我就在每一个吃晚餐的时间尽可能先运动，跑步啊，骑自行车啊等，运动之后，多喝水，还真没有太饿了，然后晚餐只吃一些牛肉和蔬菜。不要一开始就极端地减肥，比如绝食。不能一开始就一点不吃，晚餐要先从 10 分饱到 7 分饱，最后到 5 分饱，让你的身体有一个逐渐适应的过程，最终形成习惯。不饿了，没有了吃的需求，不吃自然就不痛苦了。

第二大法则是要有挑战沿途上的坎坷与沟渠的勇气。

拿我在考托福和 GRE 时背英语单词那会儿说吧。头三天特别兴奋，等到第十天发现没什么长进，甚至有些曾经会的单词还因为短暂的混淆而时常忘记。于是内心开始产生动摇，等到了第五十天，逐渐想要放弃，并且这种念头迅速地在我脑海里蔓延并疯狂地生长，让我开始质疑背单词这个事情到底有没有必要。

但反复权衡之后，我还是硬着头皮选择了坚持下去，我就有不服输的那股劲儿，凭什么别人能成，我就不能？！所以我硬着头皮咬着牙坚持下去。

没想到就在我迈过了第五十天这道摆在我眼前最大的坎之后，我的英语成绩竟直线走高，瞬间点燃了我的学习热情，整个人也逐渐找回了前三天开始背单词时的那种兴奋状态，并且此后越学越轻松。也正是因为我在第五十天的动摇面前没有退缩，反倒选择了迎难而上，才造就了我最终考试的高分，才有了之后的海外留学生涯。

再来说说跌倒能再爬起来的劲头。

拿创业来说，刚创业时头几天，我满腔热情，每天都是超额完成既定的目标，但随着热情褪去，渐渐地开始松懈，坚持了十天效果不明显，坚持了三十天觉得没什么用，于是中途开始各种动摇。越到后来越开始困惑、迷茫，甚至看不到出路。其实几乎 95% 以上的创业者都会经历这个过程。

得益于之前求学时的种种经历，让我坚信内心的动摇不过是通往成功路上的一道小的沟渠。是否能在各种迷茫、困惑甚至打击下仍旧坚持初心，能否跌倒了再爬起才是关键。遇到了困难和打击，其实并不一定会输，别怕，最重要的就是跌倒了爬起来再来的这股劲儿，因为困难才是常态。

跌倒爬起，也许眼前的十天、二十天甚至三十天收效欠佳，但只要你认定了前进的方向，坚持到第五十天、第一百天，总有一天会有质的飞跃。

所以，不论是减肥、创业抑或是学习，无论在哪个方面想要取得成功，都是不易，而道理也都是相通的。只要找到正确的方法，坚定排除万难的勇气和信心，即便跌倒了也一定要爬起来坚持下去，过了 95% 的人都过不去的那道坎，你便养成了成功的习惯，从此，你就已经走上了通往成功的康庄大道。

6. 单点突破开启你的任性人生

“百艺通不如一艺精”，选择自己最擅长的，制定可行计划，依循秉性行事，不做作、不空谈、不金玉其外败絮其中，在人生的战场上拼尽全力、纵马飞扬，这是何等快哉？！不用迎合任何人，单点突破做到极致。等到那一天，所得为所想。

YY 的创始人李学凌刚创业的时候，做得是游戏垂直网站，当时的老大是 17173，而且这个行业根本就没有老二，17173 独霸江湖，每个游戏都有自己的一个站，把论坛和新闻汇聚到一起。

李学凌其实是从网易出来进行创业的，按道理讲，应该高举高打：你有 100 个游戏，我做 200 个；你每个游戏有 10 个功能，我就做 20 个。但他没有这样做，而是只做魔兽这一款游戏的社区，团队从 5 个人到 35 个人的时候，一直只做一款游戏。

事实证明，他这么做是对的。

当时玩这款游戏的人很多，当他花一年半的时间把这款游戏做到极致后，再扩展到相邻的其他品类，就变得非常容易。相反，如果一开始就将面铺得很广，除了被行业大佬碾压到无出头之日，到底哪个产品有竞争力其实很难讲。

李学凌从创业中成功走出来的原因被总结为“单点突破”。

这也是我经常会提到一个概念。

从录制《非你莫属》时的土肥圆形象开始，我任性地开始了500天减去50斤的瘦身历程。在减肥的500天中，我使出浑身解数、与上万次的动摇PK、与自己的种种弱点拼杀抗争，最终才甩掉了这50斤肥肉。“单点突破”功不可没。

那一年，我几乎什么也没做，只做了一件事：瘦身。最终才重塑了一个基础代谢快、体型比例适中、肌肉紧实的身体。

其实，无论减肥、创业，职场、人生无不如此，“单点突破”都非常适用。

如果一个求职者擅长销售，则可以先从把一瓶化妆品卖出去入手，通过实操来积累相关经验和技巧，轻松地卖出去一百瓶甚至更多；可以从一个人单兵去销售开始，用经验和技巧去培训新人、搭建团队，逐渐成长为几十个人的大团队去销售……这种情况下，你会发现，其实自己的上升通道非常明晰：从基层销售到大客户销售再到销售经理、再到销售总监，非常通畅而又明确。前提是你要将单点突破做到极致。

创业场也是一个道理。为什么这么说？因为创业初期，不可能具备像大公司那样雄厚的资金、人脉、技术等综合实力。此时，单点突破非常有效，做到聚焦，集中手头所有的兵力和优势，去解决一个痛点。

今天的BAT，他们在形成互联网商业帝国之前，无一不是遵循“单点突破”的思维。百度，无非就是拿搜索引擎这一个单点去攻克，把流量变现做到了极致。阿里，则是从B2B领域开始耕耘，再到C2C、B2C等，始终没离开电子商务这个领域。腾讯，更不用说，中国 IM 领域里的领航者，培养了第一批中国网民的对即时通讯和社交的整体认知，直到现在成为移动端 IM 的独霸者。

而上述所有公司，在其帝国的大厦还没有拔地而起的时候，都是把单点突破做到极致。

人生亦如是。人生由我们的身体、灵魂、日常生活和工作创业组成。不管哪个方面，定好目标，单点突破，兼有内在的强大以及外在能力支撑，最终定能开启任性人生。

而我所谓的任性人生，不是顽固不化，而是对于任何事情都有自己独特的见解和追求，并且不会因为他人或是一些外在因素就轻易改变自己的价值观。

而目标选定后，往往会有人风言风语、说三道四，此时最需要的就是你定力十足、任性十足地坚定自己要的那种生活，一路前行。

所有的迷茫、坎坷、困顿、放弃、动摇、恐惧、虚荣……不过是你成就自己路上的“拦路虎”，它们奸诈狡猾，但终抵不过你坚持到底的信念、跌倒爬起的勇气。对任何事情都有一个合理的预期，既能享受最好的辉煌，也能承受最坏的结局。能真实面对自己，不虚荣不浮夸，不打肿脸充胖子。

这个世界，没有谁是你的救世主，能拯救你的正是你自己。任何事情都是，靠自己朝既定目标前行，想做就做，绝不多说，任性到底。否则只能认命。

与其追求十全十美，不如在某一点上做到极致，这才是王道。

正所谓“百艺通不如一艺精”，选择自己最擅长的，制定可行的计划，依循秉性行事，不做作、不空谈、不金玉其外败絮其中，在人生的战场上拼尽全力、纵马飞扬，这是何等快哉？！

不用迎合任何人，单点突破做到极致。等到那一天，所得为所想。

任自己的性，让别人吵吵去吧！

后记 /

共建一场美好回忆

行文至此，突然感慨良多。

时间一晃而过，距离我上一本书截稿已经过去了三年。三年时间不算短，如果人一生的黄金岁月只有三十年的话，那就是十分之一已经过去了。很庆幸三年的时光自己并没有荒废，有了很多改变，收获了很多感悟，写下了很多文字，最终有了这本书。

我想把我的一些成功经历分享给那些尚处豆蔻年华的年轻人，未来是属于所有年轻人的，这点毫无争议。我在讲述自己的突围故事时，如果侥幸启迪了哪怕只有一个年轻人的改变的念头，至少证明我的努力没有白费。如果有幸能让你们少走一些弯路，也勉强算是一场功德，亦算是对一路上关注和支持我减肥瘦身的朋友们的小小回馈。

曾经的我，在减肥的突围路上，一次又一次受到过来自朋友圈、微信跑友群、任性佳族（勇哥唯一官方指定粉丝群）以及所有关注我微博“任性哥刘佳勇”和微信订阅号“刘佳勇 John”的朋友们的鼓舞，正是你们的出现、支持、激励了我在瘦身和创业的道路上一步又一步地前行。

每当我感到孤独、产生动摇、想要退缩的时候，总能从你们的字里行间中收获温暖，重拾信心。

诚想如果没有你们在背后默默的支持，我也许还是三年前那个戴着眼镜的土胖子，不会有人称我为“男神”或是“任性哥”，更不会有你们眼前正在读的这本书。

在此勇哥由衷的感谢你们，虽然我们大多散落天涯，未曾谋面，但是你们亲手打下的每一个字，说过的每一句话，表达过的每一点喜怒哀乐都被我深深地看在眼里，记在心里，即便身处于瞬息万变的互联网世界里，仍有它存在的意义。

即便只是一行字，或是一个表情。

即便只是淡然一笑，或是遥遥相望，默默感知。

“未来的突围路上，勇哥会一直伴你前行。感谢有你，与我共建了一场美好的回忆。”

You raise me up , to more than I can be.

刘佳勇　2016 年 1 月于北京

致谢 小伙伴们

在本书编辑、出版、发行过程中贡献过自己力量的伙伴，是你们让《勇气可“佳”：胖子突围记》这本书变得更加完美而精彩。

勇气可“佳”：胖子突围记

听从本心过任性人生

项目统筹、深度策划 | 李星霖　Sileon Lee

GIF 制作、创意供给 | 周星琦　Kelly Chou

特约策划 | 郝颖　王小蝎　张小骏　米彦伟

相关执行 | 谢宏亮　Harry Tse

渠道支持 | 任性佳族

特别鸣谢 | 《非你莫属》　聚焦摄影　长江商学院

插画设计 | 南通香蕉文化传媒有限公司

出 版 人 | 胡丽芳

特别支持 | 蜗　牛　张　琪　刘一霖　王嘉浩
希尔扎提·艾山江　郑媛媛　黄　芬
张建会　魏炳丞　唐先榆　冯　玲
李德帅　陈　景　雷慧婷　廖文静
吴春花　车雅靖　王丽娜　王加宁
魏美华　李晓梅　韦淑莹　李　杜
傅丽金　王耀坤　刁如涛　张艳莉
陈哲仁